추천사

"목회자가 진정으로 교인과 이웃을 사랑하며 돕는다면, 많은 돈을 모을 틈이 어디 있겠습니까? 목사가 누릴 것 다 누린다면 그게 종의 모습입니까?" 뼈아픈 일침이다. 그러나 이런 목소리는 현실을 왜곡할 수 있다. 목회자들의 경제 현실은 생각보다 심각하다. 더 가슴 아픈 일은 사람들의 잘못된 현실 인식이다. 귀족처럼 사는 소수 목회자들로 인해 대다수 목회자도 그럴 것이라는 착시 현상이 생겼다. "목회자들은 적어도 먹고사는 문제는 해결된 사람들 아니야?" 그러나 이것은 사실이 아니다. 이번에 정재영 교수님이 목회자 사례비 문제와 관련해 의미 있는 작업을 해 주셨다. 이 책은 목회자들의 편에서 그들을 두둔하는 이야기가 아니다. 정확한 데이터와 예리한 분석이 있고, 현실적인 대안까지 제시한다. 진지한 마음으로 이 책을 읽는다면, 우리 안에 이미 그 답이 있음을 깨닫게 될 것이다.

– 김관성 목사(행신침례교회)

이 책은 불확실성이 커진 사회 상황 속에서 목회 현장에 일어나고 있는 다양한 변화를 잘 소개하고 있다. 목회자의 생존 환경과 관련된 사회적 문제에 대해서 저자는 급박한 현실에 당황하지 않고 한국 교회가 감당해야 할 공동체적인 방안을 제시한다. 그 방안은 목회자의 생존 전략 그 이상이며, 공동체 신학을 개발하고 교회의 공공성을 다양한 선교 현장에서 발휘할 수 있는 길을 열어 준다. 교회 지도자들에게, 목회자로서 출발은 했지만 갈 길을 잃고 당황하는 이들에게, 교회를 개척하려는 이들에게 일독을 권한다.

– 김병년 목사(다드림교회)

먹고사는 문제를 진지하게 걱정하는 것은 하나님의 소명을 받은 사람이 할 일이 아니라고 생각했던 시절이 있었다. 하지만 결혼을 하고 아이가 생기면서 '생존'을 위해 일을 할 수밖에 없었다. '나는 목회자인데 이래도 될까?'라는 의문이 들었다. 깔끔한 답을 찾기는 어려웠다. 그저 부딪히며 하루하루 살아가는 것 자체가 답이었다. 어느 날 주위를 둘러보니, 목회자로 부름받은 많은 사람들이 이 영역에서 고민하고 있었다. 이 책은 '그 영역'을 적나라하게 보여 주는 지도와 같다. 지금 우리가 어디에 있는지를 알게 하고, 우리가 함께 손잡고 나아가야 할 제3의 길을 제시한다.
- 김정주 전도사(『파전행전』 저자)

이 책의 내용은 충격적이다. 한국 교회의 목회자 절대 다수가 정상적으로 생계를 꾸려 가기 힘들 정도로 적은 사례비를 받고 있다는 불편한 현실을 여지없이 폭로한다. 그와 동시에 이 책은 고무적이다. 한국 교회 전체가 공교회 차원에서 이 문제에 대한 책임을 느끼며 대책을 마련하도록 공론의 장으로 우리 모두를 소환한다. 저자는 다각적인 통계 자료를 통해 한국 교회의 전반적인 상황과 목회자의 경제적인 형편이 어떠한지를 한눈에 파악할 수 있게 분석했으며 그 원인과 극복 방안까지 제시한다. 인간의 근원적인 불안인 생계 문제가 발목을 잡고 있는 한 하나님 나라와 그 의를 온전히 구하기는 어렵다. 저자의 간절한 소원대로 다함께 힘을 모아 이 절박한 현실을 극복해 감으로 하나님 나라를 이 땅에 진작시키는 한국 교회가 되기를 바란다.
- 박영돈 목사(작은목자들교회, 고려신학대학원 교의학 은퇴교수)

이 책은 사회과학의 눈으로 교회를 세밀하게 살핌으로써 연일 터져 나오는 충격적인 기사들 사이에 묻혀 버린 목회자의 빈곤 문제를 수면 위로 끌어올릴 뿐만 아니라 이를 통해 한국 교회 전체의 문제를 진단하고 총체적인 해법을 제시하고 있다. 낮은 신음으로만 표현되던 목회자들의 경제 현실을 객관화하되 따뜻한 시선으로 바라보는 저자의 시선이 한국 교회 전체의 시선이 되길 기대한다.
- 박종현 목사(전도사닷컴 편집장, 함께심는교회)

이 책은 목회자의 빈곤 문제를 광범위한 자료와 통계로 정확히 밝히고 있다. 이것은 현실이고 우리의 문제이다. 한국 교회가 해결해야 할 목회자의 위치와 지위 문제와 관련해서 논의할 수 있는 귀한 자료가 될 것이다.
- 조성돈 교수(실천신학대학원대학교 목회사회학)

강요된 청빈

강요된 청빈
목회자의 경제 현실과 공동체적 극복 방안
정재영 지음

초판 1쇄 인쇄	2019년 11월 4일
초판 1쇄 발행	2019년 11월 11일
발행처	도서출판 이레서원
발행인	문영이
출판신고	2005년 9월 13일 제2015-000099호
편집장	이혜성
편집	송혜숙, 오수현
영업	김정태
총무	곽현자

경기도 고양시 일산동구 중앙로 1160 오원플라자 801호
Tel. 02)402-3238, 406-3273 / Fax. 02)401-3387
E-mail: jireh@changjisa.com
Website: jireh.kr / Facebook: facebook.com/jirehpub

책값은 표지에 있습니다.

ISBN 978-89-7435-522-7 03230

신저작권법에 의해 한국 내에서 보호받는 저작물이므로 저작권자의 서면 허락 없이 이 책의 어떠한 부분이라도 전자적인 혹은 기계적인 형태나 방법을 포함해서 그 어떤 형태로든 무단 전재하거나 무단 복제하는 것을 금합니다.

이 도서의 국립중앙도서관 출판예정도서목록(CIP)은 서지정보유통지원시스템 홈페이지(http://seoji.nl.go.kr)와 국가자료공동목록시스템(http://www.nl.go.kr/kolisnet)에서 이용하실 수 있습니다. (CIP 제어번호: CIP2019040508)

목회자의 경제 현실과
공동체적 극복 방안

강요된 청빈

정재영
지음

이레서원

차례
∶

머리말 ● 8

01 들어가는 말 ● 13

02 목회자의 경제적 형편: 목회자는 수고에 합당한 보수를 받고 있는가? ● 19
  1) 목회자 사례비만으로 생계를 유지할 수 있을까?
    : 목회자들의 전반적인 경제 상황 ● 19
  2) 교회 안 그림자 노동자: 부교역자들의 상황 ● 31

03 목회자 빈곤 문제의 원인: 목회자의 가난, 개인의 책임인가? ● 45
  1) 갈 곳 잃은 부르심: 목회자 수급 불균형 ● 45
  2) 닫힌 성장판: 한국 개신교회의 쇠퇴 ● 50
  3) 찢긴 그리스도의 몸: 개교회주의 ● 57
  4) 자발적 청빈인가, 강요된 가난인가?: 비현실적인 목회자 사례비 ● 63

04 목회자 빈곤 문제의 극복 방안: 한 공동체로서의 한국 교회 ● **71**

1) 사도신경의 '공교회'는 무슨 뜻일까?: 공교회성 회복 ● **71**

2) "하나를 위한 모두, 모두를 위한 하나": 교단 차원의 대안 마련 ● **83**

3) 사회에서도 존경받는 목회자: 목회자 수급 조절과 수준 제고 ● **92**

4) 진정한 의미의 '지역 교회'가 되려면: 신중한 교회 개척 ● **104**

5) 생계유지 수단인가, 교회 밖 목회인가?: 목회자의 이중직 현실화 ● **112**

6) 종교 지도자가 사회의 도움을 받아도 되는가?: 공적 제도 활용 ● **124**

7) 준비인가, 염려인가?: 목회자의 노후 대책 ● **130**

05 나가는 말 ● **139**

부록 부교역자 인터뷰 ● **143**

머리말

기독교는 공동체를 강조하는 종교이다. 교회는 흔히 공동체로 여겨지며 신앙 공동체, 예배 공동체, 하나님 백성 공동체 등 다양한 말로 표현된다. 그러나 한국 교회 현실에서 공동체라는 말은 별 의미 없는 수사로 여겨진다. 말로는 공동체라고 하지만 공동체적인 특징을 찾아보기 힘들기 때문이다. 성경에서 보여 주는 처음 교회처럼 유무상통하는 공동체의 모습은 보이지 않고, 사회학에서 말하는 것처럼 공통의 의식을 바탕으로 해서 서로에 대한 책임과 의무를 다하는 모습도 오늘날 교회에서는 기대하기 어렵다.

게다가 오늘날 교회는 생존 경쟁 사회와 같은 상황에서 각자도생하고 있다. 우리나라는 교회가 7만 개가 넘고 전국 방방곡곡에 교회 없는 곳이 없다. 한 동네에도 많은 수의 교회가 자리하고 있고, 신도시에는 한 건물 안에 교회 몇 개가 같이 있으며 심지어 한 층에 두세 개 교회가 있는 경우도 있다. 하지만 우리 교회 옆에 있는 교회를 보면서 한 하나님을 믿는 형제 교회로, 머리 되신 그리스도를 함께 섬기는 같은 지체로 여기는 경우는 별로 없는 듯하다. 오히려 정글의 법칙이 지배하듯이, 다른 교회야 어떻게 되든 우리 교회가 양적으로 부흥하는 것이 최고의 미덕이고 최대의 가치가 되어 버렸다. 공동체의 기본 원리인 도덕과 규범이 사라진 것이다.

전통적으로 종교는 도덕적인 힘의 원천이 된다고 여겨져 왔다. 종교는 인간에게 필요한 기본 규범뿐만 아니라 어느 시대에서나 한 사회가 존속하고 발전하는 데 필요한 도덕과 정의의 근원이 되어 왔기 때문이다. 대표적으로 성경은 십계명을 비롯한 많은 도덕규범을 제시하고 있으며, 산상수훈은 이 세상의 가치와는 전혀 다른 하나님 나라의 가치를 분명하게 보여 준다. 그러나 오늘날 우리 사회에서 종교는 도덕적인 규범을 제시하기보다는 사회에서 성공하기 위한 수단이 되어 버린 지 오래이다. 기독교도 예외가 아니다.

이제 한국 교회는 이 땅에 복음이 처음 들어왔을 때와는 전혀 다른 상황을 맞고 있다. 복음의 귀한 소식을 한반도 구석구석 퍼지게 하고 민족 복음화를 위해 헌신할 일꾼이 필요해서 전국에 신학교를 세우던 시대와는 매우 다른 상황이다. 복음에 대한 열정을 가지고 하나님의 종으로 헌신하고자 신학교에 가고 목회자로 안수를 받았지만, 목회자가 차고 넘쳐서 사역지를 찾지 못해 쉬고 있는 목회자들도 허다하다. 심지어 목회를 포기하고 생계를 위해 다른 일을 하는 경우도 적지 않다.

이러한 상황에서 목회자의 삶은 벼랑으로 내몰리고 있다. 웬만한 도시 근로자의 월급보다 못한 사례비로 겨우 생계를 이어 가며 자녀들에게 충분한 교육의 기회를 제공하는 것은 꿈도 꾸지 못하는 형편에 있는 목회자들이 부지기수다. 생활비를 벌기 위해 편의점에서 아르바이트를 하고 대리 기사를 하는 목회자들이 한둘이 아니다. 전에는 성도들의 눈을 피해 심야 시간에 아르바이트를 했지만, 이제는 이런

일 저런 일 가릴 것 없이 닥치는 대로 일을 해야 하는 상황이 되었다.
　이렇게 열악한 상황에서 목회에 몰두하다가 건강을 해치는 경우가 많고 과로사나 돌연사로 목숨을 잃는 목회자도 적지 않다. 필자가 이 원고를 탈고하기 직전에도 인천의 한 개척 교회 4년차인 목회자가 올해 목사 안수를 받고 목회 열정을 불태우던 중에 스트레스성 뇌출혈로 돌연 사망했다는 안타까운 소식을 들었다. 평소에 질병을 앓았던 것이 아니라 목회 중에 받은 스트레스가 그를 죽음으로 몰아넣은 것이 분명한 상황이어서 어린 자녀를 둔 사모는 물론이고 동료 목회자들도 큰 충격을 받았다.
　이런 상황에서도 교계는 목회자들의 경제적 형편을 개선하는 일에 손을 놓고 있다. 교회마다 교인 수가 줄고 헌금도 줄어드는 상황에서 교회도 교단도 어찌할 바를 모르고 있다. 어떤 이는 지금은 신학교 지원자가 줄고 있으니 앞으로 목회자 배출도 줄어들면서 시간이 지나면 이는 자연스럽게 해결될 수 있는 문제라고 말하기도 한다. 그러나 최근 통계에서는 여전히 교회 수 증가보다 목회자 수 증가가 앞서고 있어서 최소한 한 세대 정도는 이러한 상황에 큰 변화가 없을 것으로 예상된다.
　게다가 시장 상황에 맡겨서 저절로 수급이 맞춰질 때까지 방치한다는 것은 공동체 정신에도 크게 어긋난다. 우리는 개교회가 공동체일 뿐만 아니라 전체 한국 교회가 하나의 공교회로서 공동체라는 점을 인식해야 한다. 이제 한국 교회는 목회자의 경제적 형편을 시급한 과제로 여기고 이를 해결하기 위해 힘을 모아야 한다. 우리나라가 사회의 양극화와 빈곤 문제 해결을 위해 다방면으로 노력하듯이, 한국 교회의 양극화와 목회자 빈곤 문제 해결을 위해서도 목회자와 성도 모두가 협력해서 해결 방안을 찾아야 한다.

이 책은 이러한 문제의식에 따라 한국 개신교회 목회자들의 경제적인 형편을 살펴보고 생계유지가 힘들 정도로 어려운 상황에 처해 있는 목회자들의 빈곤 문제를 해결하기 위한 목적으로 쓰였다. 물론 이 문제를 해결하는 것은 간단하지 않고 단기간에 해결할 수도 없을 것이다. 그러나 이 문제를 목회자 개인의 문제로 여기기보다 한국 교회 전체의 문제로 인식하고자 이를 공론화하는 것이 이 책을 쓴 일차적인 목적이다. 비록 원론적인 수준의 해법밖에 제시하지 못했지만, 이를 바탕으로 보다 구체적인 해결 방안들이 나올 수 있기를 기대한다.

이 문제의 심각성을 인지하고 먼저 집필을 의뢰해 준 이레서원에 감사하고 부족한 원고를 다듬고 정리하여 좋은 책으로 출판될 수 있도록 수고한 편집부에 감사의 마음을 전한다.

2019년 9월

정재영

01

들어가는 말

 최근 우리 사회에서 기독교에 대한 인식이 매우 부정적으로 바뀌고 있다. 전래 초기 우리 사회에서 기독교는 새로운 종교이자 새로운 문물의 전달자였다. 구(舊)질서를 혁파하고 새로운 나라의 기틀을 세우는 데 중요한 자원이 되었다. 교회는 나라의 독립을 위해 앞장섰고 전쟁으로 폐허가 된 나라를 다시 세우는 데에도 크게 일조했다. 그래서 당시에 교회에 다닌다는 것은 믿을 만한 사람이라는 것을 뜻했다. 교회 지도자인 목회자는 존경받는 어른이었다. 교회에서는 가장 학식이 높으며 성경에 대한 지식이 뛰어난 사람이었고, 마을에서도 대소사에 빠지지 않는 유지와 같은 역할을 했다. 이러한 환경에서 교회는 날로 부흥 성장했다.
 오늘날 교회의 처지는 사뭇 다르다. 이전에는 십자가를 세우기만 하면 사람들이 몰려들었으나 지금은 그렇지 않다. 교회를 세워도 3년을 유지하기가 어렵다고 하고, 문을 닫는 교회가 1년에 수천 개에 이른다고 한다. 세워지는 교회도 많지만 그중에서 상당수가 소리 소문도 없이 사라지고 있어서 전국에 있는 교회 수를 정확하게 파악하기도 어려운 실정이다. 교회들은 서로 경쟁하는 상황으로 내몰렸고 다른 교회야 어찌 됐든 우리 교회가 존립하고 수적으로 부흥하는 것이 최우선 가치가 되었다. 어떠한 중앙집권적인 권력에도 의지하지 않고 각 교회들이 스스로 판단하고 결정할 수 있는 권한을 가진다는 종교개혁의 전통은 개교회의 이기주의로 변질되었다.

이제 교회에 다닌다는 것은 더 이상 신뢰의 기준이 되지 못한다. '기독교윤리실천운동'(약칭, '기윤실')의 사회 신뢰도 조사에서는 2008년부터 2017년까지 10년간 교회에 대한 신뢰도가 조금도 상승하지 않았고, 2017년 '한국기독교목회자협의회'(약칭, '한목협') 조사에서는 목회자도 한국 교회를 그다지 신뢰하지 않는 것으로 나타났다. 목회자들의 한국 교회에 대한 신뢰도(긍정률)는 35.5%로 매우 낮았고, 2012년 조사 결과(63.0%)와 비교하면 거의 절반 수준으로 하락했다. 그동안 한국 개신교의 개혁 활동에 대해 53.2%가 '개혁을 이뤄 오지 못했다'고 응답했고, 절반 이하인 46.4%만이 '개혁을 이뤄 왔다'고 응답해 부정 평가가 긍정 평가를 앞섰다.[1] 2017년 한 해 동안 종교개혁 5백 주년을 맞이하여 교계에서 갖가지 행사를 벌였으나 이러한 일들을 벌인 것이 오히려 민망한 상황이다.

지금 상황에서는 교회 성장도 쉽지 않다. '한목협' 조사 결과에서

---

1. 한국기독교목회자협의회, 『(1998-2018) 한국 기독교 분석 리포트: 2018 한국인의 종교 생활과 의식 조사』(서울: 도서출판 URD, 2018), 515쪽.

보면, 주일 예배에 참석하는 장년 수가 늘었다는 응답도 증가했지만, 줄었다는 응답도 증가했다. 2018년에 있었던 각 교단 총회에서 거의 모든 교단이 교인 수 감소를 경험하고 있다고 보고한 것을 보면 실제로 교인 수가 증가하고 있다고 보기는 어렵다. 그나마 성장을 하고 있다는 응답은 교인 수 100명이 넘는 중형 교회 이상의 규모에서 많았고, 100명 미만의 소형 교회에서는 정체라는 응답이 훨씬 많았다.[2]

이와 관련하여 2017년 12월에 필자가 책임을 맡고 있는 실천신학대학원대학교의 21세기교회연구소와 한국교회탐구센터(소장: 송인규)가 공동으로 소형 교회의 실태와 목회자 의식을 조사했는데, 이 결과에서도 교인 수가 정체하고 있다는 응답이 과반수(52.5%)를 차지했고, 성장하고 있다는 응답이 36.4%, 감소하고 있다는 응답이 11.2%였다.[3] 현재 목회 환경에서 느끼는 가장 큰 어려움으로 '교인 수 성장이 더딤'이 30.3%로 가장 높게 나타났고, 요즘 가장 큰 고민을 물은 결과에서도 '교회 성장의 어려움'이 44.7%로 가장 높게 나타났다.

이러한 교회 성장의 정체로 인해 목회자의 생활 환경도 여의치 못하다. 한국 교회에서 다수를 차지하는 소형 교회 목회자들은 부족한 교회 재정 때문에 정상적으로 가정을 꾸릴 수 있을 만한 사례비를 받지 못하는 형편에 있다. 게다가 많은 교회에서 목회자는 영적 지도자로서의 이미지에 걸맞게 청렴한 생활을 해야 한다는 미명하에 최소한의 생계조차 유지하기 어려운 박봉의 사례비를 받고 있는 것이 현

---

2. 윗글, 462쪽.
3. 지앤컴 리서치, "소형 교회 목회 실태 및 인식 조사 결과", 21세기교회연구소·한국교회탐구센터, 『소형 교회 리포트』(세미나 자료집, 2017년 12월 1일), 42쪽.

실이다. 이렇게 어려운 경제 사정으로 소형 교회 목회자들은 노후를 대비하는 것은 꿈도 꾸지 못하고 있다. 교회 부흥기에는 많은 기독교인들이 신학교에 진학하여 목회자가 되기를 꿈꾸고 민족 복음화를 위해 헌신했지만 이제는 신학교마다 정원 미달을 걱정해야 할 만큼 상황은 급변하고 있다. 이에 따라 목회자의 경제 현실이 개선될 가능성이 더 줄어들고 있음에도 불구하고 교단이나 교회 연합 기관에서도 이에 대해서는 방관하다시피 하고 있다.

사실, 돈 문제는 교회에서 다루기에 민감한 문제이다. 체면을 중시하는 우리 사회에서 돈을 직접 언급하는 것은 천박하게 비치기도 한다. 게다가 교회에서는 재정의 대부분이 하나님께 바친 헌금으로 이루어진다는 신성한 의미 때문에 이를 다룬다는 것이 자칫 불경스럽게 여겨질까 싶어 더욱 조심스럽기까지 하다. 그러나 교회가 공동체라는 점에서 생각해 볼 때, 교회 재정 사용에 대해서 소수의 특정인이 권한을 갖고 은밀하게 집행하기보다는 교회 구성원 모두가 신뢰할 만한 방법으로 투명하게 운영할 필요가 있다. 목회자의 경제 현실 문제도 사적인 문제로 치부할 것이 아니라 교계 전체에 공론화하여 한국 교회 공동의 책임으로 대책을 마련해야 할 것이다. 이러한 문제의식에 따라 이 글에서는 목회자의 경제 현실과 그 원인을 살펴보고 대안 마련을 위한 제안을 하고자 한다.

02

목회자의 경제적 형편
목회자는 수고에 합당한 보수를 받고 있는가?

1) 목회자 사례비만으로 생계를 유지할 수 있을까?: 목회자들의 전반적인 경제 상황

오늘날 우리 사회에서 더 이상 목회는 사회적으로 존경받는 일이 아니며 목회자 스스로도 목회에 충실하면서 어느 정도 만족감을 누리기를 기대하기 어려운 시대에 살고 있다. 앞에서 소개한 '한목협' 조사에서 현 시무 교회에 대한 항목별 만족도를 알아본 결과, 모든 항목에서 만족도가 50%를 넘지 못했으며 5년 전과 비교하여 크게 하락했다. 시무 교회에 대한 전반적 만족도는 44.3%로 2012년 대비 27.5%p 하락했고, 교회 성도들과의 관계에 대한 만족도에서도 전체적으로 2012년 대비 만족도가 하락했다.[4] 이에 따라 소명과 관련해

---
4. 한국기독교목회자협의회, 윗글, 470쪽.

서 후회해 본 경험에 대해서도, 응답자의 21.9%가 후회한 적이 있다고 응답했다.[5] 목회자 5명 중 1명이 목회자로서의 소명에 대해 후회한 적이 있다는 것이다.

시무 교회 만족도 중에서 교회 재정 형편에 대한 만족도는 36.1%로 전체 만족도보다 낮게 나와 대부분 교회들의 재정 상황이 좋지 않은 것으로 짐작된다. 특히 대전/충청 지역 목회자들의 교회 재정 형편에 대한 만족도는 15.7%로 매우 낮게 나와서 지역에 따른 편차도 큰 것으로 나타났다.[6] 이 조사에서 교회 예산은 평균 2억 8983만 원으로 전년 대비 3.2% 증가에 머물렀다. 5년 전 조사에서 교회 예산이 1억 7825만 원으로 전년도에 비해 15.4% 증가한 것에 비하면 증가 폭이 크게 줄었으며, 물가 상승분을 고려하면 1년 동안 교회 예산은 거의 늘지 않았다고 보아야 할 것이다.[7] 이에 따라 교회의 부채 규모도 평균 2억 5900만 원으로 적지 않게 나왔다.[8] 이것은 연간 예산 대비 90%에 육박하는 수준인데, 대부분의 교회들이 매우 빡빡하게 예산 집행을 하고 있다는 점을 고려하면 부채 상환이 쉽지 않은 상황임을 보여 준다.

작은 교회들의 형편은 더욱 어렵다. 앞에서 소개한 소형 교회 조사에서 교인 수 100명 이하 교회의 예산은 다섯 개 중 두 개 교회가

---

5. 윗글, 388쪽.
6. 윗글, 468쪽. 이 조사에서 대전/충청 지역의 목회자들은 인천/경기 지역 목회자들과 함께 월 소득이 가장 낮았다.
7. 윗글, 614쪽.
8. 윗글, 616쪽.

5천만 원 미만으로 교회 유지가 어려운 상황이었으며, 1억 원 미만이 전체의 64.5%로 다수를 차지했다.[9] 그리고 교회가 미자립이라는 응답이 42.7%로 나와서 소형 교회의 절반 가까이가 재정 자립을 하지 못한 것으로 나타났다.[10] 여기서 한 가지 고려할 점은, 이 조사의 대부분이 면접 조사 방식으로 이루어졌기 때문에 비교적 형편이 나은 교회를 중심으로 했다는 것이다. 교회로 찾아가서 면접 조사를 하는 경우에는 자연히 어느 정도 규모가 갖춰진 교회를 방문하게 되기 때문이다. 교회 간판만 걸려 있고 실제로 모임이 이루어지지 않거나 교회 건물이 아닌 공간이나 가정에서 모이는 경우에는 방문 면접이 사실상 불가능하다. 따라서 비교적 형편이 나은 교회 목회자들을 대상으로 면접 조사가 이루어졌다는 점을 감안한다면 실제 소형 교회들의 형편은 이보다 훨씬 더 좋지 않다고 보아야 한다.

교회 설립을 기준으로 보면 10년 이상 된 소형 교회들은 자립했다는 응답이 평균보다 높았고, 10년 미만 된 교회는 미자립이라는 응답이 평균보다 높았다. 특히 교회 설립 3년 이하 교회들의 66.7%가 미자립이라고 응답하여 대부분의 교회들이 미자립 상태에서 개척을 하고 있다는 것을 알 수 있다. 〈표 1〉과 같이 교회 역사와 자립 비율은 비례하는데 교회 설립 후 3년 유지가 쉽지 않다는 교계의 통설로 미루어 볼 때, 자립하지 못하면 그만큼 지속 가능성이 줄어든다고 보아야 할 것이다.[11] 미자립 교회 중 40.9%는 외부의 재정 지원이 없다

---

9. 지앤컴 리서치, 윗글, 8쪽.
10. 윗글, 48쪽.
11. 사실 교회 자립에 대한 명확한 기준은 없다. 일부 교단에서는 교회 재정이 일정 금

고 했고 지원이 있는 경우에도 32.7%가 지원 금액이 줄고 있다고 응답하여, 미자립 교회의 존립이 매우 어려운 상황인 것으로 여겨진다.

〈표 1〉 교회 설립 연도와 자립 여부의 관계

			자립 여부		전체
			자립	미자립	
설립 연도	1969년 이전	빈도	17	8	25
		백분율	68.0%	32.0%	100.0%
	1970-1999년	빈도	38	20	58
		백분율	65.5%	34.5%	100.0%
	2000-2010년	빈도	38	24	62
		백분율	61.3%	38.7%	100.0%
	2011-2013년	빈도	16	18	34
		백분율	47.1%	52.9%	100.0%
	2014-2017년	빈도	9	18	27
		백분율	33.3%	66.7%	100.0%
전체		빈도	118	88	206
		백분율	57.3%	42.7%	100.0%

이 조사에서는 전체 응답자의 47.1%가 현 상태로 교회가 유지될 수 있을지 걱정한 적이 있다고 하여 작은 교회들의 존립 자체가 매우 어려운 형편이라는 것을 알 수 있었는데, 응답자의 3분의 1(31.0%)은

액 이상이면 자립한 것으로 여기기도 하지만, 재정이 일정 규모라고 해서 자립한 교회라고 단정하기는 어렵다. 이 조사에서도 예산이 5천만 원 미만인데도 자립이라는 응답이 있었고, 1억 원 이상에서 미자립이라는 응답도 있었다.

앞으로 4년도 장담하기 어렵다고 보았다. 교회 존립 고비 예상 기간은 평균 4.85년이라고 했는데, 특히 미자립 교회의 27.3%는 1-2년이 고비라고 응답하여 더 어려운 형편임을 나타냈다. 이 역시, 이 조사가 상대적으로 형편이 나은 교회들이 표집된 점을 감안하면 실제로는 소형 교회들이 훨씬 더 어려운 형편에 놓여 있다고 보아야 할 것이다.

이러한 상황에서 목회자 사례비를 현실에 맞게 책정하기는 쉽지 않다. '한목협' 조사에서 목회자의 월 소득은 평균 176만 원으로 나타나, 연봉 기준으로 대기업 정규직의 소득 평균인 6,521만 원의 32.4%, 중소기업 정규직 3,493만 원의 60.5% 수준으로 조사되었다. 국내 전체 임금 근로자 54.8%가 월 급여 200만 원 이상인 것을 생각하면, 목회자의 소득은 전체 임금 근로자의 평균에 비해 많이 낮은 것을 알 수 있다.

이 조사에서는 가족으로부터 받는 소득을 포함한 기타 소득에 대해서도 물어보았는데 기타 소득은 월평균 108만 원으로 월 소득과 합하면 284만 원으로 나타났다. 기타 소득은 5년 전 조사에 비해 61만 원 늘어난 수치이고 월 소득은 37만 원 줄어들어, 목회자의 소득은 5년 전에 비해 별로 늘지 않았고 물가 인상분을 고려하면 거의 정체 수준이라고 볼 수 있다.[12] 여기서 월 소득은 줄어든 데 반해 기타 소득이 늘었다는 것은 적은 사례비를 충당하기 위해 다른 소득원을 찾았다는 뜻으로, 한국 교회의 불안정한 재정 상태와 함께 더 어려워진 목회자의 경제 상황을 극명하게 보여 주는 조사 결과이다.

---

12. 한국기독교목회자협의회, 윗글, 588-589쪽.

〈그림 1〉 월 사례비/기타 소득 (N=507, %)

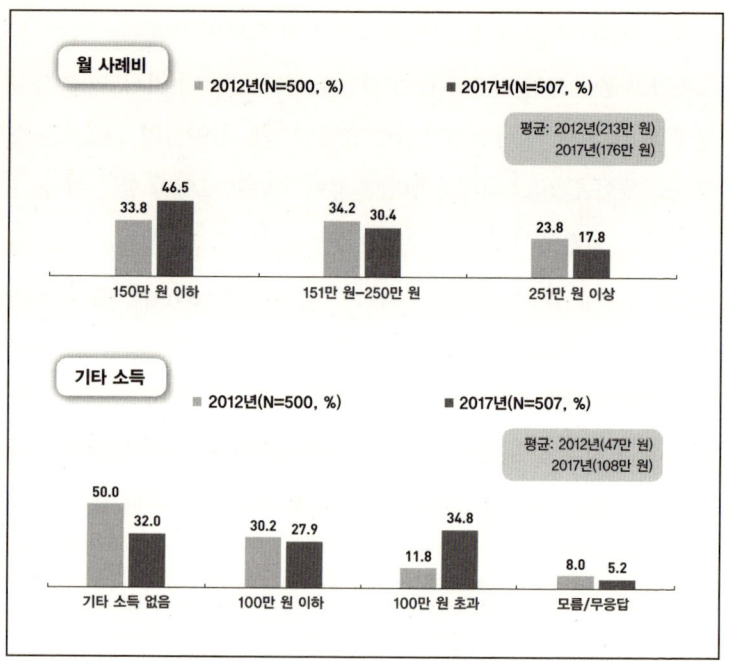

중소 도시에 있는 교회들과 규모가 작은 교회인 경우에 평균 소득이 더 적게 나타나, 많은 목회자들이 실제로는 생계를 유지하기조차 어려운 형편임을 보여 준다. 지역을 보면, 인천/경기 지역 목회자들의 월 소득이 평균 135만 원으로 평균을 훨씬 밑돌았으며 중소 도시 목회자들 역시 157만 원으로 다른 지역에 비해 훨씬 적었다. 실제로 필자가 직접 입수한 주요 교단의 지방 대도시에 속한 한 지방회 28개 교회들의 담임 목회자 월 소득은, 사례비를 받지 못하는 교회 네 곳을 포함해서, 평균 155만 원에도 미치지 못했다. 같은 시의 다른 지방회는 사례비를 받지 못하는 교회 세 곳을 포함해서 평균

130만 원이 채 안 되었다.

또한 교인 수 300명 이상으로 규모를 갖춘 교회 목회자들의 월 소득은 315만 원으로 상대적으로 많았는데, 100-300명 미만은 202만 원, 50-100명 미만은 185만 원이었다. 더구나 50명 미만인 초소형 교회의 경우에는 124만 원으로, 300명 이상 교회 목회자의 월 소득 절반에도 미치지 못했으며 극빈층 수준에 해당했다.[13] 소형 교회 목회자들에 대한 조사 결과에서는, 전체 응답자 중에서 21.4%의 목회자가 사례비를 받지 않으며, 8.3%는 부정기적으로 받고, 70.4%만이 정기적으로 받고 있는 것으로 조사되었다.[14] 또한 '전국개척교회연합회'에서 개척 교회 목회자 309명을 대상으로 설문 조사한 결과에서는 100만 원 이하의 사례비를 받는 목회자가 200명으로 64%를 차지했다. 그리고 180만 원 이하의 사례비를 받는 목회자가 전체 응답자 중에서 81%이고, 250만 원 미만은 86%로 나와 대부분이 소형 교회인 개척 교회 목회자들의 형편도 매우 좋지 않은 것으로 나타났다.

대한예수교장로회 통합 교단(약칭, '예장 통합') 총회에서 몇 년 전에 개최한 '자립 대상 교회 목회자 선교 대회' 참석자 1,543명을 대상으로 설문 조사를 실시한 결과에서, 미자립 교회 목회자들은 최우선적으로 해결해야 할 과제로 목회자 생활비(42.1%)를 가장 많이 꼽았다. 이어 자녀 교육 문제(23.4%)와 은퇴 후 대책(20.6%), 목사 계속 교육(13.2%), 기타(0.7%) 등의 순이었다. 응답자 중 65.5%가 목회보다는 생

---

13. 윗글, 590쪽.
14. 정재영, "소형 교회 현실의 의미와 전망", 21세기교회연구소·한국교회탐구센터, 『소형 교회 리포트』(세미나 자료집, 2017년 12월 1일), 145쪽.

활비 마련과 자녀 교육 문제를 해결하느라 허덕이고 있는 셈이다.

〈표 2〉 월 사례비(응답자 특성별) (N=507, %)

구분		사례 수 (명)	150만 원 이하	151- 250만 원	251만 원 이상	모름/ 무응답	계	평균 [단위: 만 원]
전체		(507)	46.5	30.4	17.8	5.2	100.0	176
성별	남자	(476)	44.6	31.0	19.0	5.4	100.0	181
	여자	(31)	75.4	21.4	.0	3.2	100.0	103
연령	49세 이하	(121)	45.3	36.4	12.6	5.7	100.0	154
	50-59세	(275)	48.5	28.4	17.0	6.1	100.0	178
	60세 이상	(111)	42.8	28.9	25.7	2.6	100.0	196
지역	서울	(75)	40.7	28.4	25.9	5.1	100.0	191
	인천/경기	(158)	53.1	26.4	11.0	9.5	100.0	135
	대전/충청	(78)	47.5	37.0	7.5	8.0	100.0	153
	대구/경북	(43)	55.3	23.4	17.8	3.5	100.0	167
	부산/울산/경남	(47)	37.0	33.7	29.3	.0	100.0	197
	광주/전라	(81)	39.3	33.4	27.3	.0	100.0	242
	강원/제주	(25)	45.5	37.7	16.8	.0	100.0	205
지역 크기	대도시	(265)	45.2	27.7	21.3	5.8	100.0	190
	중소 도시	(203)	48.2	32.5	14.5	4.8	100.0	157
	읍, 면	(39)	46.3	38.2	11.6	3.9	100.0	185
교단	예장 통합	(98)	46.3	29.5	21.2	3.0	100.0	195
	예장 합동	(147)	44.9	31.7	17.8	5.6	100.0	195
	기타 장로교	(97)	52.8	28.0	17.1	2.1	100.0	158
	감리교	(63)	38.0	38.0	20.3	3.6	100.0	184
	성결교	(38)	57.1	14.1	11.2	17.5	100.0	105
	침례교	(35)	35.6	46.7	10.3	7.4	100.0	163
	기타	(28)	52.0	20.2	21.7	6.1	100.0	162

개척 여부	개척 목사	(278)	58.0	28.1	9.2	4.7	100.0	149
	부임 목사	(229)	32.6	33.2	28.3	5.9	100.0	210
시무 연수	5년 미만	(121)	53.0	27.1	10.2	9.7	100.0	145
	5년-10년 미만	(138)	39.8	34.4	22.4	3.5	100.0	192
	10년-15년 미만	(105)	47.1	36.3	13.1	3.5	100.0	152
	15년 이상	(143)	47.1	25.1	23.3	4.5	100.0	204
현 교회 교인 수	49명 이하	(252)	62.4	29.0	3.5	5.0	100.0	124
	50-99명	(79)	38.8	42.0	17.4	1.8	100.0	185
	100-299명	(98)	31.8	34.8	30.6	2.8	100.0	202
	300명 이상	(78)	21.2	17.8	48.5	12.5	100.0	315

목회자의 소득 수단에 대해서는 교회에서 받는 사례금이 84.4%(중복 응답)로 가장 많았으나 배우자 소득도 36.7%, 개인 활동 소득이 20.7%, 그리고 가족의 도움이 15.8%로 나타났다. 전체 소득 중에서 교회 사례비 비중은 사실상 절반 이하였고, 다른 소득으로 생활비를 충당하고 있었다. 배우자 소득은 연령과 반비례했는데, 특히 40대 이하 목회자들의 경우 배우자 소득이 60대 이상 목회자들의 2배 수준으로 높았다. 이것은 상대적으로 교회 사례비가 적은 젊은 목회자들의 경우에 배우자의 소득이 큰 비중을 차지한다는 것을 보여 준다. 이 조사에서 배우자가 경제적인 수입을 위해 경제 활동을 하는 경우가 36.7%로 3분의 1을 넘었는데, 나이가 젊을수록 높았고, 부임 목사보다 개척 목사, 교회 규모가 작은 곳에서 상대적으로 높게 나타났다.[15]

---

15. 한국기독교목회자협의회, 윗글, 592쪽.

이러한 상황에서 최근에는 남성 목회자들이 비교적 취업이 쉬운 전공을 가진 여성 중에서 배우자를 찾으려 하고 신학대학교의 일부 학과는 일명 '사모학과'로 불릴 정도이다. 우리 사회에서 남성들이 배우자를 구할 때 이전에는 외모를 중요한 조건으로 보았으나 최근에는 경제 상황이 나빠지면서 맞벌이를 할 수 있는 취업 여성을 가장 중요한 조건으로 보고 있다는 조사 결과가 나왔는데, 목회자들의 현실도 별반 다를 바 없다는 것을 보여 준다.

〈그림 2〉 목회자 소득 수단(중복 응답) (N=507, %)

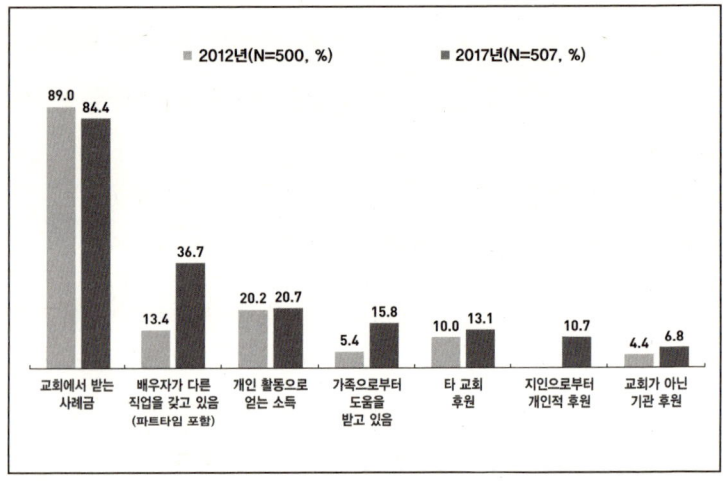

목회자 다섯 명 중 세 명(60.5%)은 현재 사례비가 가족을 부양하는 데 부족하다고 응답했다. 이것은 5년 전의 48.0%보다 12.5%p 늘어난 수치이며, 충분하다는 응답은 5.7%에 불과하여 5년 전에 비해 절반 수준으로 6.3%p 감소했다. 교회 사례비가 부족하다는 응답은 연

령이 젊을수록 높고, 도시가 아닌 읍·면 지역에서 더 높았으며, 개척 목사의 경우에 더 높고, 교회 규모가 작을수록 높게 나타나, 한국 교회 목회자들의 척박한 경제 현실이 점점 더 열악해지고 있음을 여실히 보여 주었다.16

〈그림 3〉 현 교회 사례비 수준에 대한 평가 (N=507, %)

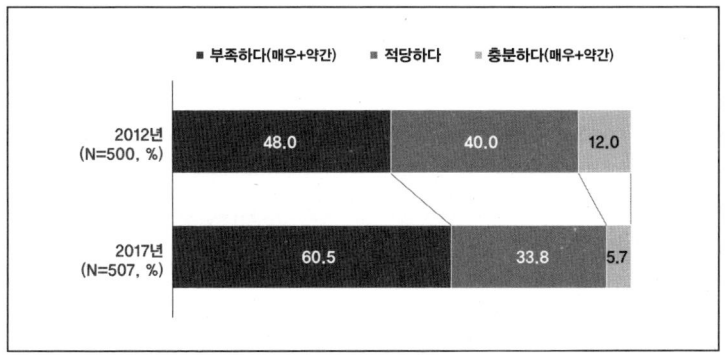

이 조사에서는 목회자 사례비의 적정 수준도 알아보았는데, 가장 많은 69.3%가 '교인 평균 소득 수준에 맞춘 정도'가 적당하다고 응답했고, 23.3%는 '교인 평균 소득보다 약간 높게', 7.4%는 '교인 평균 소득보다 약간 낮게'라고 응답했다. 5년 전에 비해 '교인 평균 소득 수준에 맞춘 정도'와 '교인 평균 소득보다 약간 낮게'라는 응답은 다소 줄었고, '교인 평균 소득보다 약간 높게'라는 응답이 10%p 가까이 늘어, 보다 높은 월 소득을 희망하고 있었다.17

---

16. 윗글, 594쪽.
17. 윗글, 596쪽.

〈그림 4〉 목회자 사례비 적정 수준 (N=507, %)

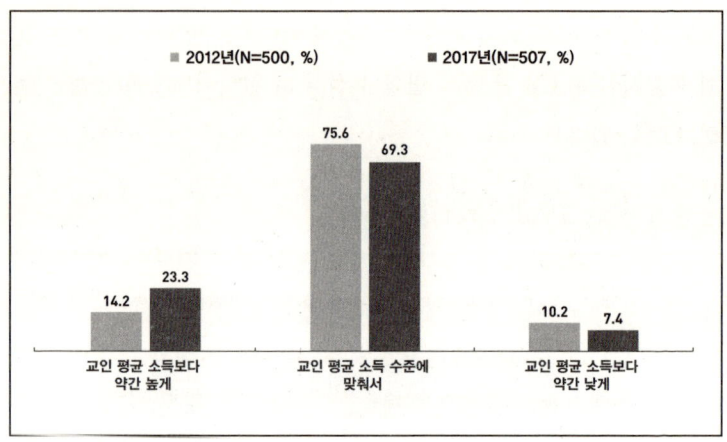

이러한 조사 결과로 볼 때, 연봉 1억 원 넘는 고액의 사례비를 받는 목회자들은 최소한 교인 수 2천 명이 넘는 (초)대형 교회들에 국한되며, 절대 다수를 차지하는 중소형 교회의 목회자들은 일반 임금 근로자 수준 이하라고 보아야 할 것이다.[18] 전체 한국 교회의 교인 수 규모별 비율을 정확하게 알 수는 없다. 이와 관련하여 2015년에 예장 통합 교단이 조사한 내용에 따르면, 이 교단에서 교인 수 100명 이하의 교회는 5,563개로 전체의 62.9%였고, 500명 이상 출석하는 교회는 전체의 7.4%를 차지했다.[19] 통합 교단은 교세가 안정된 주요

---

18. 2015년에 '기독교윤리실천운동'이 조사한 '한국 교회 부교역자의 사역 현황에 대한 설문 조사' 자료에 의하면, 교인 수 1천 명 교회 담임 목회자의 월 소득은 469만 원으로 파악되었다. 기독교윤리실천운동, 『한국 교회 부교역자를 생각하다 자료집』 (2015년 5월 8일), 16쪽.
19. 『국민일보』, 2017년 2월 20일자. http://news.kmib.co.kr/article/view.asp?arcid=0923697949

교단이므로 전체 교계에서 교인 수 100명 이하 소형 교회의 비율은 이보다 다소 많은 70% 정도라고 추정할 수 있을 것이다. 교계에서는 대개 교인 수가 1천 명 넘는 대형 교회는 전체 7만여 개 한국 교회 중에서 5% 미만인 것으로 보고 100명 미만의 소형 교회가 70% 정도 차지할 것으로 추정한다.[20]

그렇다면 대략 5만 개에 이르는 소형 교회 목회자들은 당장의 생계를 걱정할 정도로 어려운 형편에 처해 있어 사실상 빈곤층에 해당한다는 것을 의미한다. 그래서 생계유지를 위해 부업을 하거나 이중직을 하는 목회자들이 적지 않다. 성도들의 눈에 띄지 않는 밤 시간에 대리 기사를 하는 목회자들이 상당수에 이르고 물류 센터나 편의점에서 아르바이트를 하는 경우도 많은 것으로 알려져 있다. 생계유지가 어려워서 목회를 그만두고 택시 기사를 하는 목회자도 있다. 이러한 목회자들의 경제 현실에 대해서 하루속히 대책이 만들어져야 한다.

2) 교회 안 그림자 노동자: 부교역자들의 상황

부목사들의 사례비가 대개 담임 목사 소득의 절반 수준이라는 점을 감안하면 부교역자들 역시 대부분 빈곤층에 해당한다고 볼 수 있다. 앞에서 언급한 통계 조사들은 담임 목회자들을 대상으로 이루

---

20. 통계청이 2018년 1월 2일 발표한 '2017 전국 사업체 조사' 결과에서 한국 기독교 단체는 55,104개로 집계되었으나 이런저런 이유로 누락된 교회들을 고려하면 대략 7만 개에 이를 것으로 추정된다.

어졌기 때문에 부교역자들의 경제 형편을 직접적으로 알 수는 없다. 부교역자들의 경제 형편에 대한 거의 유일한 자료는 '기윤실'이 2015년에 실시한 조사이다. 이 조사 결과에 따르면, 담임 목사 월평균 사례비는 395만 원인데 비해 전임 부목사 월평균 사례비는 204만 원, 전임 전도사는 148만 원이었다. 부교역자들의 사례비는 교회 규모에 따라서 차이가 컸는데, 교회 규모 때문이기도 하지만 교회 규모가 클수록 부목사나 전임 사역자를 많이 두고 있기 때문에 이 비율의 차이 때문에 사례비 차이가 더 큰 것으로 추정된다.

여기서 담임 목사 사례비가 앞에서 살펴본 금액보다 두 배 가까이 많은 이유는 조사에 참여한 부교역자들에게 그들이 소속되어 있는 교회의 담임 목사 사례비를 물어보았기 때문이다. 곧 부교역자를 둘 수 있는 안정된 규모 교회의 담임 목사들이기 때문에 사례비가 훨씬 높다. 이 조사에서 부교역자들이 응답한 적정 사례비는 전임 목사 260만 원, 전임 전도사 210만 원으로, 현재는 본인이 생각하는 적정 사례비의 각각 78%, 70% 정도 수준이었다. 그래서 현재 사례비에 대해서 단 9.9%만 충분하다고 응답했고, 절반이 넘는 55.7%는 불충분하다고 응답했다. 본인들의 경제 사정에 대해서는 5.2%만 만족한다고 응답했고, 64.2%는 어렵다고 응답했다.[21]

이 조사 결과를 바탕으로 한국 목회자 사례비 격차를 분석한 연구에 의하면, 전도사, 부목사, 담임 목사 사이에 상당한 소득 격차가 존재하는데, 특히 전도사, 부목사의 사례비 격차보다 부목사, 담임 목사

---

21. 기독교윤리실천운동, 윗글, 13-20쪽.

<그림 5> 부교역자 월평균 사례비 (N=949, %)

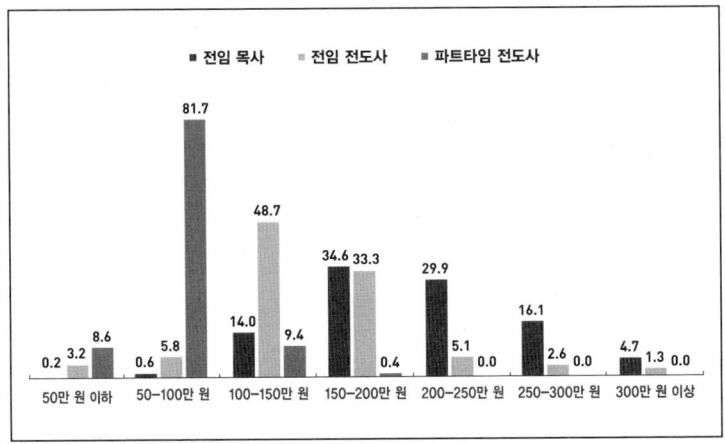

의 사례비 격차가 훨씬 큰 것으로 나타났다(<표 4> 참조). 먼저, 목회자의 직급에 따른 평균 소득 수준은 동일 직급의 일반 근로자보다 훨씬 낮았다. 사무직종 일반 3직급 근로자의 월평균 임금이 650만 원인데 비해 담임 목사의 월평균 사례비는 395만 원이었다. 부목사는 2직급 근로자의 절반 수준이었고, 전도사는 가장 낮은 1직급보다도 100만 원 이상 적었다.

그런데 직급별 임금 격차율을 보면, 일반 근로자는 비교적 직급별로 균일하게 임금이 상승하는 반면 목회자는 그렇지 않은 것으로 나타났다. 전도사와 부목사의 사례비 격차보다 부목사와 담임 목사의 사례비 격차가 훨씬 크기 때문이다. 더욱이 담임 목사의 경우 부교역자보다 더 많은 복지 급여를 받는다는 것을 감안하면 실질적인 격차는 더 클 가능성이 있다. 이는 부교역자들이 생활고에 시달리고 있을 뿐 아니라 상대적 박탈감을 느낄 가능성이 큼을 시사한다. 물론 직급

〈표 3〉 부교역자 월평균 사례비

		사례 수	50만 원 이하	50-100만 원	100-150만 원	150-200 만원	200-250 만원	250-300 만원	300만 원 이상	계	평균
			%	%	%	%	%	%	%	%	(만 원)
전체		(949)	3.2	25.2	18.3	24.3	17.1	9.2	2.7	100.0	158
성별	남자	(860)	2.8	21.7	18.4	25.9	18.3	9.9	3.0	100.0	163
	여자	(89)	6.7	58.4	18.0	9.0	5.6	2.2	0.0	100.0	104
연령	20대	(87)	12.6	70.1	13.8	2.3	1.1	0.0	0.0	100.0	83
	30대	(557)	2.3	26.0	20.8	25.1	16.9	6.5	2.3	100.0	153
	40대 이상	(305)	2.0	10.8	15.1	29.2	22.0	16.7	4.3	100.0	187
지역	대도시	(610)	3.3	26.1	16.6	24.1	15.6	10.8	3.6	100.0	160
	중소 도시	(282)	2.1	24.1	17.4	24.8	22.7	7.4	1.4	100.0	160
	농어촌	(57)	7.0	21.1	42.1	24.6	5.3	0.0	0.0	100.0	127
교회 내 사역 형태	전임 목사	(515)	0.2	0.6	14.0	34.6	29.9	16.1	4.7	100.0	204
	전임 전도사	(156)	3.2	5.8	48.7	33.3	5.1	2.6	1.3	100.0	148
	파트타임 전도사	(278)	8.6	81.7	9.4	0.4	0.0	0.0	0.0	100.0	78
교회 규모	300명 이하	(341)	7.6	36.7	23.5	23.2	7.9	0.9	0.3	100.0	122
	300-1000명	(346)	0.3	18.8	15.9	32.4	21.7	9.5	1.4	100.0	170
	1000명 이상	(262)	1.1	18.7	14.9	15.3	22.9	19.5	7.6	100.0	188

이 높을수록 목회 경력이 길고 전체 목회에서 중요한 역할을 감당하기에 더 높은 사례비를 받는 것은 일면 납득할 수 있으나, 그 격차가 이렇게 큰 것이 신앙 공동체의 특성상 바람직한지 따져 볼 필요가 있다.[22]

---

22. 류재린, "한국의 목회자 사례비 격차에 관한 연구", 『신앙과 학문』(2017년), 22권, 1호, 129쪽.

〈표 4〉 목회자와 일반 근로자의 직급에 따른 임금 격차[23]　　　　　(단위: 만 원, %)

목회자			일반 근로자(사무직종)		
구분	월평균 사례비	격차율	구분	월평균 임금	격차율
담임 목사	395	93.63	3직급	650	58.54
전임 부목사	204		2직급	410	
전임 전도사	148	37.84	1직급	250	64.00

자료: 기독교윤리실천운동(2015) '부교역자 조사 자료', 한국노동연구원(2014)

목회 현장에서 만난 부교역자들은 모두 생활고를 토로했다. 생활고 때문에 목회를 계속할 수 있을지 고민하고 있었고, 실제로 목회를 그만두고 기독교 단체에 들어가서 활동하는 경우도 있었다. 대형 교단에 속한 교회에서 전임 전도사로 사역하고 있는 김요한(가명) 전도사는, 최근 전임 전도사에 대한 수요가 줄어들어서 전임 전도사를 하고 싶어도 신대원생 전체 중에서 15퍼센트 정도밖에 전임 사역을 하지 못하는 실정이라고 말한다. 그는 최근에 교회를 옮기면서 "굶어 죽지 않을 만큼은 줘."라는 말을 들었는데, 그 말이 반어적으로 사례비를 넉넉하게 준다는 뜻인 줄 알았는데 정말 말 그대로였다고 한다. 결국 이전 교회보다 훨씬 좋지 않은 대우를 받고 있다. 최근에 교계에서 '헌신 페이'가 논란이 된 바 있었는데, 목사 안수를 받기 위해서는 전도사 사역 연수를 채워야 하기 때문에 이것을 교회에서 악용하는 경향이 있다고 한다. 목사 안수를 받으려면 어차피 교회를 못 떠나니까 사례비를 많이 안 줘도 된다고 생각한다는 것이다.

---

23. 윗글, 130쪽.

유명 대형 교회에서 교육 전도사와 교육 목사를 하다가 목회를 그만둔 유바울(가명) 목사는 처음 사역을 시작한 첫 달에 사례비를 아예 못 받았다고 한다. 교회당 건축으로 긴축 재정 운용을 할 때였는데 아무런 설명도 없이 사역을 시작한 첫 달에는 사례비가 없다고 통보받았다고 한다. 교계에서 이런 경우가 아주 드문 것은 아니라고 한다. 그는 다른 사람에게 하소연하지도 못하고 그냥 수긍할 수밖에 없었다. 사례비에 대해서 당회에 물어보면 '속물'이라고 생각할 것 같아서 미리 물어보지 못했는데 첫 사례비로 80만 원을 받았고, 두 번째 해에 10퍼센트 올라서 88만 원을 받았다. 당시에 88만 원 세대라는 말이 유행해서 그는 그 말을 실감했다고 한다.

부교역자들은 언젠가 담임 목사가 되면 경제적 문제가 다 해결되고 보상을 받을 것이라 생각하며 견디고 있으나, 교회 현실은 더 어려워지고 있다. 더욱이 중견 교회 담임 목사로 청빙받기는 매우 어렵고 부교역자의 현실은 암담하기에 유 목사는 교회 사역을 그만두었다고 한다. 지금은 기독교 NGO에서 간사를 하고 있는데 전도사로 사역할 때보다 마음도 훨씬 편하고 보수도 많아졌다.

중소형 교회에서 전임 전도사를 하고 있는 박야곱(가명) 전도사는 이전 교회에서는 자신의 상관인 부목사의 압박 때문에 거의 매일 악몽에 시달렸다고 한다. 적지 않은 교회에서 권위적인 담임 목사가 부목사를 종 부리듯 대하는 경우들이 있는데, 그러면 부목사들 역시 자기 아래 있는 전도사들을 종 부리듯 한다고 한다. 심지어는 자기 가족을 위해 장 보는 일에 전도사를 불러서 비서나 운전기사 노릇을 시키는 경우도 있다. 그는 파트타임 전도사 시절에는 사례비로만 생활

할 수 없어서 과외 아르바이트를 했는데 수요일, 금요일에는 사역을 해야 하고, 부흥회나 특별 집회 때 수시로 가야 하기 때문에 아르바이트를 하기도 쉽지 않았다. 그는 곧 결혼하는데 출산과 양육이 부담돼서 자녀를 갖지 않을까 하고 약혼녀와 심각하게 이야기를 나누었다고 한다. 사역을 그만두고 다른 일을 할까 심각하게 고민하기도 했다.

최근에는 신학생들이 교회 사역이 너무 고되고 사례비는 적기 때문에 차라리 공부에 전념하고 전도사 사역은 기피하는 추세라고 한다. 이러한 추세 때문에 교회에서 전도사 구하기가 힘들어지면서 교단에서는 목사 안수를 받기 위해서는 반드시 전도사를 하도록 법제화하려는 움직임이 일고 있다. 그는 적지 않은 교회에서 부목사는 담임 목사 사례비의 1/3을 받고, 전도사는 부목사 사례비의 1/3을 받는 형편이라며, 실제로 교인이 1천 명이 안 되는 교회에서 담임 목사가 연봉 2억 원을 받는데 부목사는 2,400만 원 정도 받았다고 말한다. 그는 이러한 문제는 교회의 구조적인 문제이고 지금과 같이 부교역자가 존중받지 못하고 온갖 일에 시간을 뺏겨서 정작 해야 할 일을 못하게 되면 사역의 질이 떨어지게 되고 결국 교회들이 자멸할 것이라며 안타까워했다. 부교역자의 성장을 위해 투자가 필요하다는 데 공감대를 형성하여 부교역자들의 사례비를 현실화하고, 근로 계약서를 작성해서 부교역자의 사역이 보호를 받았으면 좋겠다고 제안했다.

또 한 가지 생각해야 할 것은, 여성 목회자는 남성 목회자에 비해 훨씬 더 적은 급여를 받고 있다는 것이다. 앞의 〈표 2〉에서 남성 목회자의 월평균 소득은 181만 원인 데 비해, 여성 목회자의 월평균 소득은 103만 원에 불과했다. 이 조사는 담임 목회자를 대상으로 했기 때문에 여성 목회자의 사례 수가 매우 적긴 하지만 그 격차가 거의 두 배에 이른다. 사례 수가 적은 이유는 한국 교계에서 여성 목회자가 청빙을 받아 부임을 하는 경우는 거의 없기 때문에 여성 담임 목회자 자체가 적고, 여성 목회자들은 대부분 개척을 해서 담임 목회를 하기 때문에 대체로 교회 규모가 작아서 월 소득이 적은 것으로 추정된다.

그런데 〈표 3〉의 부교역자 사례비 자료에 의하면 부교역자인 경우에도 남성의 월평균 사례비가 163만 원인데 비해, 여성 부교역자의 월평균 사례비는 104만 원으로 남성 부교역자의 3분의 2에도 미치지 못했다. 이것은 대부분의 교회에서 여성 목회자보다는 남성 목회자를 선호하기 때문인 것으로 여겨진다. 시민 단체 간사 급여도 최소한 150만 원 이상인 것과 비교해 보면, 여성 목회자들은 사실상 극빈자 수준의 급여를 받고 있고 그 자괴감은 이루 말할 수 없을 정도일 것이다.

소형 교회에서 전임 사역을 하고 있는 군소 교단의 강한나(가명) 강도사는 여자 목사를 써 주는 데가 없어서 목사 안수를 포기하는 여자 전도사들이 많고 자신도 그 문제로 고민 중이라고 말한다. 신대원 수업을 듣는 반 전체에서 여학생이 절반이지만 전임 사역을 하고 있는 사람은 자기 혼자일 정도로 여자 신학생은 사역할 자리를 찾기가 어렵다고 한다. 전도사가 교회 차량 운전과 사찰 집사 일도 같이 해야 하기 때문에 교회에서는 여성 사역자를 안 쓰려는 경우가 많다. 강 강도사는 작은 교회에서 일하다 보니 관리 직원이 없어서 교회 인테리어 공사, 보일러 시공 등 잡일을 할 때도 있었다. 대심방 때에는 하루에 네 가정씩 심방하기도 하고 40일 특별 집회를 마친 후에는 한

달 동안 하혈을 해서 병원에 다니기도 했다. 그런데도 교인들로부터 전도사가 하는 일이 뭐가 있느냐는 말을 듣기도 해서 자괴감이 든다고 말한다.

그는 현재 생활을 유지할 수 없어서 전임 사역을 사임하고 파트타임으로 전환해서 아르바이트를 할까 고민 중이다. 편의점이나 물류센터에서 시간제 일을 하는 것이 스트레스도 적고 수입도 많기 때문이다. 현재 사례비는 140만 원에 퇴직금이 포함된 개념이라 사임을 해도 퇴직금을 받지 못하고 4대 보험에 들지 않았기 때문에 실업 급여도 없다. 정해진 퇴근 시간은 오후 6시지만 보통 오후 8시, 9시가 되어서야 퇴근한다. 그럼에도 아이들 사역하는 데 보람을 느끼고 있기 때문에 사역을 그만두지 못하고 있다. 교회도 사랑하고 하나님도 사랑하지만 몸이 너무 축나고 교회는 자신을 소모품처럼 소비하고 있다는 생각이 드니까 회의감을 느낀다고 한다.[24]

'기윤실'의 부교역자 조사 자료를 보면, 한국 교회 부교역자들의 사역 환경이 얼마나 열악한지를 가늠해 볼 수 있다. 담임 목사의 경우, 대부분 사택을 제공받고 있지만 부교역자들은 사정이 다르다. 전임 목사의 절반 정도인 54.8%만 사택을 제공받고, 전월세 비용을 일부 지원 받는 경우가 20.0%, 그리고 17.1%는 아무 혜택이 없다고 응답했다. 더구나 전임 전도사의 경우에는 절반에 가까운 43.6%가 주거 관련 혜택이 전혀 없다고 응답했다. 주거 외에 교통비나 통신비 등을 제공받는 경우가 있다고 20% 안팎으로 응답했으나, 그런 혜택

---

24. 부교역자 인터뷰의 자세한 내용은 책 뒤의 〈부록〉을 볼 것.

이 전혀 없다고 응답한 경우도 43.9%여서 담임 목사에 비해 부교역자들은 생활비나 사역비 지원이 매우 부족한 상황에 있다.

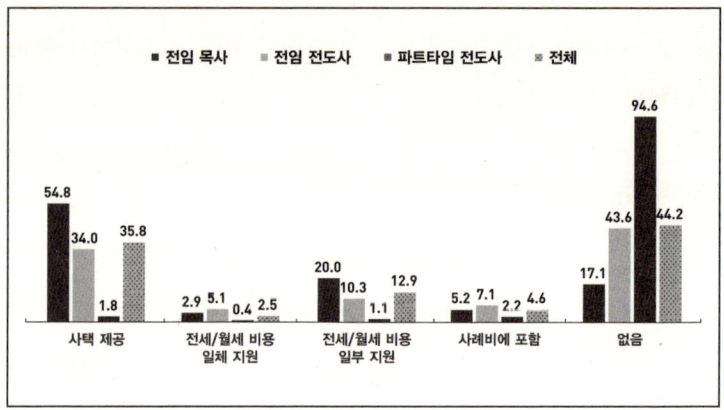

〈그림 6〉 교회에서 제공하는 주거 관련 혜택 (N=949, %)

이렇게 부족한 소득 때문에 목회 외에 다른 일을 한 경험이 있다는 응답이 26.8%였고, 현재 하고 있다는 응답은 10.7%, 향후 할 생각이 있다는 응답은 20.4%에 이르렀다. 10명 중에서 1명은 요즘 이슈가 되고 있는 이중직을 하고 있고, 10명 중에 2명은 할 생각이 있다는 뜻이다. 배우자가 경제 활동을 하고 있다는 응답은 33.3%였고, 과거에 한 적이 있다는 응답은 25.9%, 앞으로 할 생각이 있다는 응답도 10.6%로 나와서 상당수의 부교역자 사모들이 경제 활동을 하고 있는 것으로 나타났다.

또한 최소한의 근무 여건을 보장하는 4대 보험에 부교역자들이 모두 가입한 비율은 3.2%에 불과했고, 국민연금 비용 지원은 2.8%, 소속 교단의 목회자 연금 비용 지원을 받는 비율은 13.9%였다. 4대 보험 중 어느 것도 제공받지 못하는 비율은 73.6%로 전체의 4분의 3에 해당했다.

〈그림 7〉 부교역자 4대 보험 제공 여부 (N=949, %)

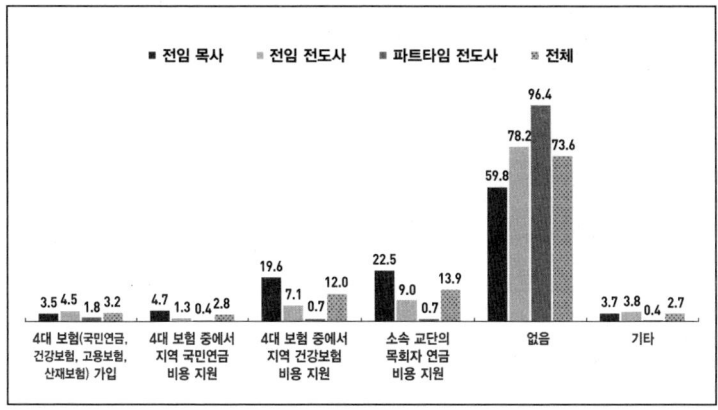

일일 평균 근무 시간은 10.8시간이었는데, 전임 목사는 11.6시간, 전임 전도사는 11.0시간으로 조사되었다. 12-16시간이라는 응답도 16.8%로 나와서 부교역자들은 일반 근로자 수준 이상으로 근무하는 것으로 나타났다. 이러한 근무 시간에 대해서 적절하다는 응답은 16.3%였고, 많다는 응답이 45.8%였다. 요즘은 주 5일 근무제가 정착되었으나 교역자들은 월요일을 제외하고 주 6일 근무를 하고 있었고 그나마 월요일 휴무를 보장받고 있다는 응답은 절반에 못 미치는 46.0%여서 부교역자들은 거의 일주일 내내 근무하는 실정인 것으로 나타났다.[25]

---

25. 윗글, 30쪽.

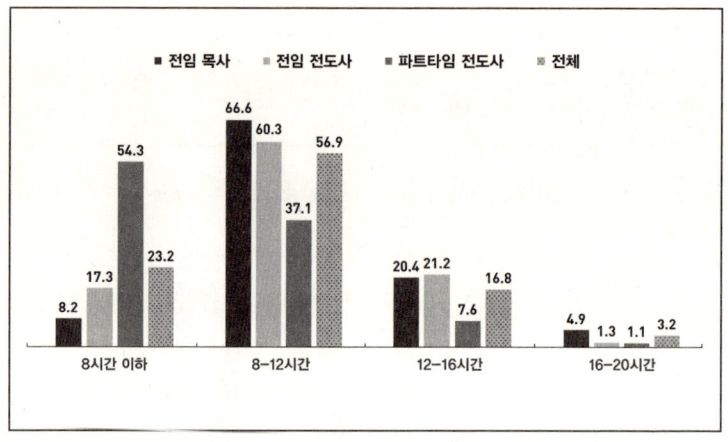

〈그림 8〉 부교역자 일일 평균 근무 시간 (N=949, %)

이러한 부교역자들의 상황에 대해서, 지방에 내려가면 사역할 자리가 많은데 부교역자들이 모두 서울이나 대도시에서만 사역하려고 하기 때문에 자리도 부족하고 사역 여건도 나빠지는 것이라고 말하기도 한다. 물론 소명을 받은 사역자라면 자리나 대우에 연연하기보다는 자신을 필요로 하는 자리라면 어디라도 가리지 않는 열정과 헌신의 마음을 가져야 한다. 그러나 지방으로 간다고 해서 사역 여건이 나아지는 것은 아니다. 단지 사역의 기회가 있을 뿐이다. 특히 서울이나 대도시에서 신대원에 다니는데 교통이 불편한 지방에서 사역을 하기란 현실적으로 쉽지 않다.

이렇게 열악한 근무 여건으로 인해 부교역자들이 과로사 또는 돌연사 하는 경우도 적지 않게 발생하는 것이 현실이다. 그러나 대부분 산재 보험에 가입되어 있지 않기 때문에 사고가 나거나 급작스럽게 사망한 경우에도 보험 제도를 통해 보상받을 방법이 없다. 교역자들이 최소한의 안전망도 없이 사역을 하고 있는 것이다. 게다가 사역 관련 계약서를 작성하는 경우가 거의 없기 때문에 언제 쫓겨날지 모른다는 불안한 심정으로 사역지로 내몰리고 있다.[26] 그래서 사회에서 '열정 페이'가 문제가 되듯이 교계에서는 '헌신 페이'가 이슈가 되고 있다. 교회에서 하는 모든 일에 헌신과 봉사의 마음으로 참여하라고 사실상 강요당하고 있는 것이다. 게다가 대부분의 교역자들이 남성으로 구성된 교회 현실에서는 군대처럼 '나도 겪어 봤으니 너도 굴러 봐라.'라는 생각이 퍼져 있어서 동역자로서의 배려를 기대하기 어려운 경우도 있다. 교역자들의 이러한 근무 여건에 대해서도 개선의 노력이 필요한 시점이다.

---

26. 앞에서 소개한 '기윤실'의 부교역자 조사에서 사역 관련 계약서를 썼다는 응답은 6.3%에 불과했고, 계약서 작성이 필요하다는 응답은 79.3%였다. 이와 관련해서, '기윤실'에서는 '부교역자 사역 계약서 모범안'을 발표했으니 참고하기 바란다. 기독교윤리실천운동, 『부교역자 사역 계약서 모범안 언론 발표회 자료집』(2016년 6월 10일)을 볼 것.

03

목회자 빈곤 문제의 원인
목회자의 가난, 개인의 책임인가?

1) 갈 곳 잃은 부르심: 목회자 수급 불균형

우리나라 목회자의 경제 형편이 이렇게 좋지 않은 이유 중의 첫 번째는 과거와 달리 목회자가 과잉 공급되어서 교회 수 증가율을 목회자 수 증가율이 앞질렀기 때문이다. 목회자 수가 많지 않을 때에는 교회마다 좋은 목회자를 서로 모셔 가려고 했으나, 목회자가 넘쳐나는 오늘날에는 임지를 찾지 못해 무임 상태에 있는 목회자가 적지 않을 정도로 상황이 역전되었다. 1990년대까지만 해도 농어촌 지역의 작은 교회들은 담임 목회자로 목사를 구하지 못해 전도사를 초빙하는 경우도 적지 않았다. 그러나 요즘에는 아무리 작은 교회라도 전도사가 담임 목회를 하는 경우는 거의 없다.

이에 따라 목회자 수급 문제가 한국 교계에서 뜨거운 쟁점이 되고 있다. 신학교 졸업생 수와 은퇴하는 목회자 수, 선교사로 나가는 목회자 수, 그리고 전체 교회 수 등을 종합해 보면, 매년 수백 명의 목회자가 과잉 공급되고, 최근 10년 사이에 수천 명에 이르는 목회자가 임지를 찾지 못한 채 무임 목사가 되고 있다고 알려져 있다. 목회자 수급 불균형 문제가 본격적으로 제기된 것은 1990년대 이후로 교회 성장이 정체되고 교회의 대형화에 따라 교회 개척의 어려움이 가중되고 작은 교회들이 존립하기 어렵게 되면서부터이다. 실제 통계상으로도 1960년대의 교회 성장률이 41.2%였던 것이 1970년대에 들어와서는 12.5%로, 1980년대에 와서는 4.4%로 감소했다. 그리고 1990년대 초엔 3%까지로 낮아지고 2005년 인구센서스에서 개신교 인구는 1.6% 감소세로 돌아섰다. 최근 2015년 인구센서스에서 개신교 인구는 2005년에 비해 1.5% 증가한 것으로 나타났으나 주요 교단에서는 일제히 교인 수 감소를 보고하고 있기 때문에 전문가들은 다른 통계적 요인으로 이를 설명하고 있다. 이에 대해서는 다음 절에서 살펴보겠다.

예장 통합 교단의 경우 이미 10년 전에 목회자 증가율이 교회 증가율을 크게 앞서서 수급 조절이 필요하다는 의견이 제시된 바 있다. 이 교단의 94회 총회에서 발표된 교세 통계 보고서에 따르면, 2008년 예장 통합 교단의 목회자 수는 1만 4313명으로 2007년(1만 3620명)에 비해 5.1% 증가한 반면에, 교회 수는 7868개로 전년(7671개)보다 2.6% 늘어나는 데 그쳤다. 10년 전인 1999년과 비교하면 목회자 수는 8996명에서 5000여 명이나 증가했지만 교회 수는 6494개에서 1000여 개만 늘어나서 수급 조절 필요성이 제기되었다.

2019년도 이 교단의 통계 발표에 의하면 전체 교인 수는 2018년

말 기준 255만 4천 명으로 전년도에 비해 7만 3천 명이 줄었다. 교인 수는 2010년 이후 감소 추세를 보이는데 2017년에 전년 대비 10만 명 이상이 줄어, 가장 큰 폭으로 교인이 줄었다. 전체 교인들의 수는 줄어 가는데도 교회와 목사 수는 늘고 있다. 2018년의 교회 수는 9190개로 94개 늘고, 목사 수는 1만 9832명에서 2만 506명으로 674명 증가했다. 1년 동안만 해도 여전히 비슷한 교회 수에 비해 목사 수는 7배 이상 증가한 것이다. 게다가 전체 교인 수는 오히려 줄었기 때문에 교회 당 교인 수는 훨씬 적을 수밖에 없다. 이러한 상황은 다른 교단들도 크게 다르지 않을 것이라 여겨진다.

1970-1980년대 교회 부흥과 함께 주요 교단 신학교들은 기회가 있을 때마다 신학생 정원을 늘려 왔다. 성장기에 그것은 불가피했고 당대의 요청이기도 했으나 교회 성장이 멈추고 목회자 수가 적정 수준에 도달했을 때에는 방향 전환을 해야 했다. 그러나 한국 교회에는 이에 대한 조절 기능이 없었다. 교회의 양적 성장이 멈춘 상태에서도 신학교 정원은 줄지 않았기 때문에 목사 후보생은 넘쳐나는 상황이 벌어진 것이다. 이것은 신학교 난립과도 무관하지 않다. 신학교 수가 지나치게 많고 여기에서 매년 수천 명에 이르는 목회자가 배출되고 있기 때문이다.

현재 전국에는 다양한 신학교가 존재하는데 이들의 전체 현황을 파악하기란 거의 불가능하다. 인가받은 신학교 현황은 파악할 수 있지만 비인가 신학교는 학교 건물 자체 없이 교회 공간이나 다른 장소를 빌려서 교육을 하는 경우도 많이 있기 때문에 실체 파악이 매우 어렵다. 과거에는 우체국에 사서함만 설치해 놓고 학생 모집 광고를 내어 갖가지 명목으로 돈만 받고 졸업장을 발부한 경우도 있었다고 할 정도다. 1990년대 초에 전체 신학교는 250여 개로 파악되었는데, 당시에 인가 신학교 18개를 포함해서 대학 학력이 인정되어 대학원에 진학할 수 있는 학력 인정 학교까지 합친 42개 대학을 정규 과정을 개설한 신학교로 볼 때 대학으로서의 기능을 수행할 수 있는 신학교는 채 20%가 되지 않았다.

신학교는 1990년대 이후에도 꾸준히 늘어 현재는 400여 개에 이르는 것으로 알려져 있다. 이 중에 57개가 인가받은 신학교로 파악되고, 나머지는 비인가 신학교이다. 그리고 비인가 신학교들 중에서도 150여 개는 소재 파악이 되고, 나머지 200여 개는 소재 파악은 되지 않지만 교단 총회에 있는 것으로 미루어 볼 때 자체 신학교인 것으로 추정된다. 한국학중앙연구원이 문화체육관광부 연구 용역을 받아서 발표한 '2018 한국의 종교 현황'에 따르면, 개신교 교단은 총 374개로 집계됐다. 이는 한국기독교총연합회·한국교회연합·한국장로교총연합회·한국기독교교회협의회 등 연합 단체와 문체부에 등록된 교단 등을 모두 취합한 결과인데 파악이 안 된 소수 교단까지 포함하면 신학교가 400여 개에 이른다는 것이 무리한 추측은 아닐 것이다. 인가 대학교 중에서 대체로 규모가 작은 대학원대학교들을 제외하면 어느 정도 규모를 갖추고 재정적으로 안정된 신학교는 전체 신학교의 10%에 불과하다고 할 수 있다. 전체 신학교를 교단별로 보면, 예수교장로회 교단 계열의 신학교가 가장 많은 비율을 나타내고 있는데, 이번 통계에서도 '대한예수교장로회'라는 교단명을 쓰는 곳은 총 286곳으로 3분의 2를 차지했다.

이들 신학교에서는 매년 7,000명 이상의 졸업생들이 배출되는 것으로 추정된다. 사정이 이렇다 보니, 최근에는 교회 규모와 청빙에 지원하는 목회자 수가 비례하여, 교인 수 100명 규모의 교회에는 1백여 통의 지원서가 들어오고, 교인 수 1,000명 규모의 교회에는 1천여 통의 지원서가 들어온다고 할 정도이다. 이것은 담임 목사에게만 해당되는 이야기가 아니다. 부목사를 구하는 교회들마다 1백여 통의 이력서가 쌓이고, 사역지를 기다리는 신학생들은 도서관에 진을 치고 앉아 있다. 임지를 찾지 못한 목회자들은 결국 생계를 위해서 다른 직업 활동을 하는 경우가 비일비재한 것이 현실이다.

1년 동안 설립되는 교회는 많아야 2-3천 개 정도이지만, 매년 7천여 명의 목회자가 배출되고 있으니 사역할 교회가 부족한 것이다. 매년 수천 개 교회가 문을 닫고 있고 교회를 개척해서 유지하는 경우는 극소수인 현실에서, 목회자들이 사역지를 찾기는 매우 어렵다. 지방 신학교나 군소 교단 신학교를 나온 목회자들은 더더욱 임지를 찾기 어려운 형편에 있다. 그러다 보니 목회자들도 청년 실업자들처럼 스펙 쌓기에 열을 올리고 심지어는 학력 부풀리기로 물의를 빚는 경우까지 발생하고 있다.

이러한 목회자 과잉 배출은 과도한 교회 개척으로 이어져 개교회들 사이에, 또는 목회자들 사이에 지나친 경쟁의식을 유발하고 교회의 권위와 신뢰성을 훼손시켜 결국 기독교 선교에 악영향을 끼치고 있다. 특히 많은 개척 교회들이 신도시로 몰려 신도시마다 교회가 난립하게 되고, 원하지 않더라도 서로 경쟁하는 상황에 처할 수밖에 없다. 그리고 임지를 구하기 힘든 목회자들이 학연과 지연에 호소하게 되어 목회지를 '정치판 아닌 정치판'으로 몰고 가는 부작용도 낳고 있다. 더욱이 지난 몇 년간 크게 문제가 됐던 한국 교계의 '담임 목회자 세습 문제'도 이런 현실과 무관하지 않아 목회자 수급 문제는 한국 교계에서 반드시 해결해야 할 과제로 여겨진다.

2) 닫힌 성장판: 한국 개신교회의 쇠퇴

앞에서 살펴본 바와 같이, 목회자의 경제 형편이 좋지 않은 가장 큰 이유는 목회자 수급 불균형에서 비롯되는데 그 배경에는 한국 교회가 성장세를 멈추었다는 사실이 있다. 목회자가 수천 명씩 배출되더라도 모든 목회자를 수용할 수 있는 교회가 있다면 큰 문제가 되지 않겠지만, 이미 한국 교회는 1990년부터 성장세가 정체되었고 최근에는 감소세로 돌아섰기 때문에 수급 불균형이 더 극대화되고 있는 것이다.

한국의 개신교회는 1880년대에 한국 땅에 들어온 이래 비교적 짧은 시간에 정착했고, 일제 강점기에도 굴곡은 있었지만 꾸준히 성장했다. 그리고 해방 이후 특히 1970년대와 1980년대에는 세계 교회 역사에서 유례가 드물 정도로 폭발적인 성장을 하여 현재 우리나라 전체 인구의 20%에 가까운 교세를 이루고 있고, 2015년 인구센서스에서는 천주교를 제외하고 개신교만으로도 불교를 앞질러 신자 수에서 제1 종교가 되었다. 그러나 그 이면에는 이단의 급속한 증가와 교회에 출석하지 않는 신자들, 이른바 '가나안 성도'의 급성장이라고 하는 그림자가 길게 드리워져 있다.

그뿐만 아니라 교인 수 자체도 이미 1990년대부터 정체를 보이고 있어 20년 전에 비해 크게 늘지 않고 있는 상황이다. 〈표 5〉에서 보는 바와 같이 한국 개신교 인구는 1970년대에 500% 이상, 1980년에도 200% 이상의 증가율을 보이다가 1990년대에 100% 미만으로 줄었고 인구센서스에서는 2005년에 감소세로 돌아섰다. 여기서 교계 통계보다 인구센서스 통계의 개신교 인구가 훨씬 적은 것은 교계 통계가 심하게 부풀려졌기 때문이다. 이것은 개신교만의 문제는 아니고 대부분의 종교 단체들이 교세를 과시하기 위해 신자 수를 부풀리는 경향이 있어서 우리나라 모든 종교 단체가 자체적으로 파악한 대로 그 수를 합하면 우리나라 전체 인구보다 많을 정도이다. 지난 2015년 인구센서스에서 종교 인구가 전체 인구의 50%를 밑돌았다는 점을 감안하면 종단별 종교 인구는 최소 2배 이상 부풀려졌다고 할 수 있다.

특히 개신교의 경우에는, 신자가 교회를 옮기는, 이른바 수평 이동이 활발하게 이루어지고 있는데 신자가 교회를 옮겨도 교적을 정리하지 않는 경우가 많기 때문에 각 교회별로 신자 수를 집계하면 실제보다 2배 정도 부풀려지는 결과가 생기게 된다. 앞에서 언급한 한국학중앙연구원의 조사에서도 집계에 응한 교단 125곳의 교회 수는 통계청 조사보다 약 2만 8000개 많은 8만 3883개였고, 교인 수는 집계에 단 54개 교단만이 응했는데도 1132만 750명을 기록해, 2015년 통계청 인구센서스 조사(967만 명)보다 약 165만 명이 많았다.[27] 따라

---

27. "전국 교단 총 374개, '대한예수교장로회'만 286개", 『뉴스앤조이』, 2019년 1월 12일자.

서 인구센서스가 시행된 1985년 이후의 자료는 교단 통계보다 훨씬 정확한 인구센서스 통계를 참고할 필요가 있다.

그런데 여기서 생기는 한 가지 문제는 인구센서스의 경우 정통 개신교회가 이단으로 규정한 교회들의 신자 수도 개신교 인구로 집계된다는 것이다. 인구센서스는 기본적으로 자기 확인 방식으로 조사되기 때문에 이단교도라도 자신이 개신교인이라고 답하면 개신교로 집계된다. 실제로 조사원 교육용 인구주택총조사 지침서에는 "여호와의증인, 안식교, 모르몬교, 통일교, 영생교, 천부교를 개신교로 분류한다."라고 명시돼 있다. 이러한 이단 교회에 속한 교인 수를 정확하게 추정하기는 어렵다. 이단 전문가들이 말하는 이단 교회의 교인 수는 50만 명에서 150만 명에 이를 정도로 부정확하다. 이단 교회들도 자신들의 교세를 과시하기 위해 교인 수를 크게 부풀려서 말하기 때문에 그 수를 액면 그대로 받아들이기 어렵다. 교계에서 이단 교회들을 취재하는 기자들의 견해로는 50만 명을 합리적인 추정치로 보고 아무리 많아도 100만 명은 넘지 않을 것으로 본다.[28] 어쨌든 통계청의 개신교 인구에는 이단 교회에 속한 사람들이 최대 100만 명 가까이 포함되어 있다.

또 한 가지 문제는, 최근 몇 년 사이에 교단 총회에서는 거의 모든 교단의 신자 수가 감소하고 있다고 보고되는데 2015년 통계에서는 오히려 개신교 인구 비율이 1.5% 증가한 것으로 나온 것이다. 전체

---

28. 이에 대해서는, 변상욱, "개신교 증가의 이면 상황을 직시하자: 교계 상황과 이단 문제", 『개신교는 과연 약진했는가 특별 포럼 자료집』(2017년 1월 5일), 23-24쪽을 볼 것.

〈표 5〉 한국 개신교 인구 변화 추이[29]

연도	교계 통계 (명)	증가율 (%)	인구센서스 통계 (천 명)	증가율 (%)
1885	약 100			
1895	1,347			
1900	약 12,000			
1911	166,116			
1920	240,614	69.0		
1930	260,578	10.6		
1940	394,298	14.8		
1950	500,198	26.9		
1960	623,072	24.6		
1970	3,192,621	512.4		
1980	7,180,627	224.9		
1985			6,490	
1990	13,768,672	91.7		
1995			8,505	31.0
2005			8,446	- 0.7
2015			9,676	14.5

인구에서 개신교인이 차지하는 비율로는 1.5% 증가했을 뿐이지만, 자체 신자 수로는 845만 명에서 967만 명으로 120만 명가량 늘어난 것으로 14.5% 증가했다. 이렇게 신자 수가 늘어난 이유에 대해서는 전문가들도 정확하게 설명하지 못하고 있다. 2005년 조사 때와는 조

---

29. 노치준, 『한국 개신교 사회학』(서울: 한울, 1998), 12쪽 표에 최근 인구센서스 결과를 더하여 필자가 재구성한 것임.

사 방법이 달라졌고 2005년 조사에 오류 가능성이 있는 것으로 추정하고 있을 뿐이다.[30] 여기서 전체 개신교 인구가 증가했음에도 교인 수는 오히려 줄어든 요인 중 하나는 가나안 성도 현상, 곧 탈교회 현상으로 설명될 수 있다. 2017년 '한국기독교목회자협의회'에서 조사한 바에 따르면, 개신교인 중에서 교회에 출석하지 않는 사람의 비율이 23.3%로 나왔기 때문에 약 200만 명의 가나안 성도가 존재하는 것이고 이것을 출석 교인 수가 감소한 요인으로 볼 수 있다.

이렇듯 제도 교회로서의 한국 개신교는 최근 급격한 하락세를 경험하고 있다. 하락세의 원인을 한마디로 이야기하기는 어렵다. 여러 사회적인 요인에다가 교회 내부적인 요인이 더해진 것으로 보아야 할 것이다. 사회적인 요인 중 하나는 우리 사회에서 종교 자체에 대한 관심이 줄었다는 것이다. 2015년 인구센서스에서는 무종교인이 증가하여 과반수를 차지했다. '종교가 없다'고 응답한 국내 인구 비율은 전체의 56.1%로, 종교가 있다고 답한 비율(43.9%)보다 10%p 이상 많았다. 무종교인은 특히 20대와 30대에서 많았는데, 그 이유는 아마도 젊은이들은 종교가 자기 삶의 문제에 대해 답을 주지 못한다고 생각하기 때문일 것이다. 한편, 개신교의 가나안 성도나 가톨릭의 냉담자 같은 비활동 신자가 늘고 있다는 것은 제도 종교에 대한 관심이 줄고 영적인 관심은 늘어나는, 이른바 '영적이지만 종교적이지는 않은'(spiritual but not religious) 현상이 우리나라 종교에서도 나타난다

---

30. 자세한 설명은, 정재영, "인구센서스에 나타난 종교 인구 변동의 의미", 윗글, 17-20쪽을 볼 것.

고 볼 수 있다.[31]

이러한 사회적인 경향에다가 한국 개신교 안에서 벌어진 여러 가지 부정적인 상황들이 교인 수 하락에 치명적인 영향을 주고 있다. '기윤실'의 사회 신뢰도 조사를 포함하여 많은 개신교 관련 조사에서 개신교가 공신력을 잃고 있다는 결과가 나온 것은 잘 알려진 사실이다. 그 원인은 개신교 지도자들을 포함해서 개신교인들의 신앙과 삶이 일치하지 않고 조직으로서의 한국 교회도 사회에서 기대하는 올바른 역할을 감당하지 못했기 때문이다. 한국 교회는 우리 사회에서 일어나고 있는 공공의 문제에 관심을 갖고 책임 있는 역할을 감당하기보다는 교세 확장과 교회 건물 건축, 교권 유지 등 세상과는 벽을 쌓고 자기들만의 왕국을 건설하는 일에만 급급하다는 것이다. 전래 초기 한국 개신교는 사회 부조리를 혁파하고 새로운 가치 질서를 제시하는 예언자의 역할을 감당했지만, 오늘날 개신교는 자신들의 이해관계에 따라 움직일 뿐, 공공의 선이나 선한 사회를 이루고자 노력하는 모습은 거의 찾아보기 힘든 실정이다. 특히 최근에 더 심각해지고 있는 교회 세습이나 목회자 성범죄는 그렇지 않아도 좋지 않은 한국 교회 이미지에 악영향을 끼쳤다.

이러한 요인들로 인해 한국 교회는 과거의 그 어떤 때보다 어려운 시기를 걷고 있으며 개신교와 목회자의 이미지도 매우 부정적인

---

31. 이러한 현상은 20여 년 전에 영국에서 'believing without belonging'으로 표현되었고 10여 년 전부터 북미에서는 'spiritual but not religious'로 표현되고 있는데, 최근에는 이것을 줄여서 SBNR로 표기할 정도로 중요한 종교 현상으로 보고 있다. 이에 대해서는, 정재영, 『교회 안 나가는 그리스도인』(서울: IVP, 2015)을 볼 것.

것으로 여겨지고 있다. '한목협' 조사 결과에 따르면, 비개신교인들의 종교별 호감도에서 개신교는 5점 척도 평균 점수 2.16으로, 불교 3.22, 가톨릭 3.13에 비해 훨씬 낮았다.[32] 100점 만점으로 환산하면 50점이 되지 않는 낙제 수준이다. 종교별 이미지 평가에서도 "진리를 추구하기보다는 교세를 확장하는 데 더 관심이 있다"는 항목에서 개신교는 69.8%의 동의율을 받아, 불교 27.0%, 가톨릭 13.2%에 비해 부정적인 이미지가 훨씬 큰 것으로 나타났다.[33] 또한 목회자에 대한 평가 항목들 중에서 "개인적인 물질에 욕심이 없다"는 항목에 대해 가장 낮은 19.8%만 동의하여, 목회자들이 물질에 욕심이 많은 것으로 여겨지고 있음을 알 수 있다.[34]

이러한 상황이 목회자들의 활동을 위축시키고 그들의 자존감을 떨어뜨리고 있으며 결과적으로 목회자들의 경제 환경에도 부정적인 영향을 미치고 있다. 교회 성장기에는 재정에도 여유가 있어 목회자 사례비 책정에 별 어려움이 없었으나, 교인 수가 줄어 재정이 넉넉하지 않고 목회자에 대한 이미지마저 좋지 않은 상황에서는 현실에 맞는 소득을 책정하기가 쉽지 않기 때문이다. 교세를 확장하는 것에는 매우 복합적인 요인이 작용하기 때문에 교세 확장은 인위적인 노력으로 이루기 어려운 일이지만, 목회자에 대한 이미지를 제고하여 목회자들이 긍지와 보람을 느끼며 목회 활동을 할 수 있는 여건을 마련하는 것은 교계의 노력으로 이룰 수 있고 또 반드시 이루어야 한다.

---

32. 한국기독교목회자협의회, 윗글, 197쪽.
33. 윗글, 200쪽.
34. 윗글, 210쪽.

3) 찢긴 그리스도의 몸: 개교회주의

목회자의 경제 형편을 더욱 어렵게 하는 요인 가운데 하나는 한국 교회의 개교회주의이다. 교회 용어 사전에 의하면 개교회주의란 "개교회는 모든 행정을 독자적으로 수행하며 어떤 기관으로부터도 행정적 간섭을 받지 않아야 한다. 곧 상급 기관이라도 개교회의 기본권을 침해할 수 없다."라는 의미로 설명되어 있다. 이것은 종교 개혁 전통에 의한 것으로, 교황청을 중심으로 한 중앙 통제 방식을 따르는 가톨릭과 달리 개신교회들은 일원화된 통제 방식을 따르지 않고 각각의 교회가 재량권을 갖고 교회 운영을 할 수 있다는 것을 의미한다.

이러한 개교회주의는 장점과 단점을 모두 갖고 있다. 앞에서 말한 바와 같이 획일적인 중앙 통제가 없고 개교회의 재량권이 인정된다는 점에는 개신교회가 하나의 교회를 이루어 절대 권력화 되는 것을 방지할 수 있다는 점에서 과거 가톨릭교회의 폐단을 답습하지 않겠다는 의지가 담겨 있다. 반면에 개교회가 상당한 재량권을 갖기 때문에 이러한 방식이 부정적으로 작용하는 경우에는 외부의 어떠한 개입이나 간섭도 불허하여 독불장군식의 결정이 내려지기도 한다. 최근 문제가 된 여러 교회에서 그와 같은 예를 볼 수 있다.

이러한 이유로 한국 교회에서 개교회주의는 '교회가 그 목표를 설정하고 활동을 전개하며 교회 내의 인적, 물질적 자원을 사용하는 일에 있어서 개별 교회의 유지와 확장에 최우선권을 부여하는 부정적인 태도'로 인식되기도 한다.[35] 개인주의가 '침해할 수 없는 개인의 고유한 기본 권리'를 의미하지만 많은 경우에 이기주의와 방종으로 표출되듯이, 개교회주의 역시 그 자체가 부정적인 것은 아니지만 현실에서는 개교회 이기주의로 나타나는 경우가 있다.

한국 교회에서 개교회주의가 부정적으로 형성된 요인으로는 먼저 교회 성장주의 신념을 들 수 있다. 원래 교회 성장은 온 세상에 복음을 전파하라는 성경 말씀을 따르는 것의 결과를 의미했지만, 현실에서는 교회 자립을 위한 수단으로 이해되는 경우가 많다. 이런 현상은 이미 선교 초기부터 있었는데, 한국 교회 선교를 위한 총체적인 선교 전략으로 1890년에 채택한 이른바 네비우스 선교 정책(Nevius Methods)의 10개 조항 가운데 자급자치의 교회를 만든다는 조항이 여기에 중요하게 작용했다. 당시 어려운 경제 상황에서 개교회가 자급하기 위해서는 교회 안의 모든 자원을 동원하여 교회의 유지와 확장을 추구하는 것이 현실적인 선택이었다.[36] 이것은 기독교가 신자 수 1위인 종교가 된 오늘날에도 크게 다르지 않다. 교회가 자립하고 목회자의 소득을 보장하기 위해서는 어느 정도 교인 수를 갖춘 규모로 성장하지 않으면 안 되기 때문이다.

여기에는 사회 환경적인 요인도 작용했다. 일제 강점기의 교회 탄압과 한국 전쟁, 그리고 독재 정권 집권기를 거치면서 교회가 사회 문제에 참여하고 이를 해결하기 위해 노력하기보다는 사회적인 갈

---

35. 노치준, "한국 교회의 개교회주의에 관한 연구", 『기독교 사상』, 1986년 5월, 81쪽.
36. 윗글, 84쪽.

등을 일으키지 않는, 좁은 의미의 순수한 신앙 차원에 몰두하게 되었고 이것이 개교회주의를 강화하는 요인이 된 것이다. 교회들이 힘을 합하여 해결하기 위해 노력해야 하는 공공의 문제로부터 관심을 돌리면 교회가 가지고 있는 자원과 에너지는 자연히 교회 내부 문제에 집중된다. 게다가 다양한 종교가 공존하여 종교 전시장으로 여겨지는 한국의 종교 상황에서는 무엇보다도 개교회의 생존과 부흥이 교회의 일차 목표가 될 수밖에 없었다.

그뿐만 아니라 오랫동안 우리 사회에 뿌리내려 온 가족주의 성향이 개교회주의를 강화하기도 한다. 가족주의란 가족 중심의 가치 지향성을 가리키는 말로, 자신의 의사보다는 가족의 의사를 중시하고 자신의 이익이나 발전보다도 가족의 이익이나 발전을 더 우선시하는 태도를 말한다. 서양에도 가족을 중시하는 가치관이 있으나 유교에 바탕을 둔 우리 사회의 가족주의는, 서구의 개인 본위의 가족주의에 비해, 가족의 집단적인 필요에 개인의 생활을 전적으로 얽어매는 것으로 이해되고 있다. 서양에서는 부부가 다른 종교를 갖는 경우도 많고 일요일이 되면 같은 개신교라도 서로 다른 교파에 속한 교회에 따로따로 출석하는 일도 흔하다. 그러나 우리 사회에서는 가족이라면 당연히 하나의 종교를 가져야 한다고 생각하는 경향이 있는데 이는 어느 종교에서나 동일하게 볼 수 있는 현상이다.

이러한 가족 중심의 가치관은 개인의 관심과 삶의 중요한 부분을 사사로운 영역에 집중시키는 중요한 요인이 된다는 점에서 우리 사회에 심각한 문제를 일으키고 있다. 곧 공공의 목표보다는 개인이나 개인에게 울타리를 제공하는 가족의 이해관계에 치중하게 하기 때문에 가족주의는 우리 사회에서 공공 영역의 확장을 저해하는 가장 큰 요인으로 지적된다.[37] 이러한 가치 지향성이 교회에도 그대로 영향을 미쳐서 신앙생활이 공적인 차원으로 나아가지 못하고 유사 가족 집단이라고 할 수 있는 개교회의 사사로운 관심사에 머물면서 모든 교회가 오로지 자기 교회의 부흥 성장에만 전념하는 상황이 벌어지고 있는 것이다.

여기에 개교회의 수적인 성장이 마치 목회의 성공인 양 여겨지고 교인들도 큰 교회가 좋은 교회라는 인식을 갖게 되면서, 다른 교회보다 우리 교회가 잘 되어야 한다는 배타적이고 이기적인 신앙이 개교회주의를 부추겨 왔다. 여기서 교회는 하나의 지위 집단(status group)으로 작용한다는 점이 중요하다. 사회학자인 막스 베버가 제안한 지위 집단이라는 개념은 같은 지위를 갖는 사람들이 하나의 공동체로서 그 지위에 적합한 생활양식을 가지고 있다는 생각에 기반한 것으로서, 이 지위 집단은 다른 사람들로부터 받는 사회적 존경이나 명예 등에 의해 하나로 결속된다는 특징을 갖는다. 이와 함께 기대 수준이 낮은 부류에 대하여 느끼는 사회적 거리감, 곧 자기 부류에 속해 있지 않은 사람들과의 사회적 교제를 금지하려고 하는 경향 등도 나타내게 되는데 많은 종교 사회학자들의 연구에서 종교 집단이 이러한 사회적 위신과 명예를 공유하는 지위 집단으로 작용한다는 사실이 증명되고 있다.

---

37. 이에 대해서는, 박영신, "한국 사회의 변동과 가족주의", 박영신·정재영, 『현대 한국 사회와 기독교』(서울: 한들출판사, 2007)를 볼 것.

우리나라에서는 큰 교회에 다니는 것이 은근한 자부심을 심어 주고 자랑거리가 되기도 한다. 집 가까이에 있는 교회를 놔두고 자동차를 몰고 멀리 있는 교회를 찾아가는 사람들 중에는 신앙 이외의 그 무엇, 곧 보기를 들면 '자기의 사회 지위에 맞는 신앙'을 추구하는 사람도 있다. 세련된 현대풍의 교회 건물, 넓은 주차장을 가득 메운 자가용, 전문 교향악단 수준의 성가대 연주, 신학박사 출신 목회자의 상당히 지적인 설교, 은근히 드러나는 교인들의 교회에 대한 자부심. 큰 교회에 다니는 교인들은 자신을 아무개 교회 성도라고 소개할 때, 마치 자신을 아무개 대기업 직원이라고 소개하는 사람처럼 묘한 자부심을 드러내거나 괜히 으스대기도 한다. 이것은 대형 교회 부교역자도 마찬가지이다. 작은 교회 부교역자들과는 크게 차이 나는 사례비를 받고 여러 가지 복지 혜택을 누리고 노트북이나 태블릿 PC 등을 제공받기도 하기 때문이다.

대형 교회에서 가장 큰 이점을 갖는 사람은 단연 담임 목회자이다. 신자가 많은 큰 교회의 목회자는 교단 안에서 지위와 권력이 증대될 뿐 아니라 사회에서도 상당한 영예를 누리게 되고 물질적으로도 상당한 대우를 받는다. 따라서 목회자는 큰 교회의 목사가 되고자 하는 강력한 동기를 갖게 된다.[38] 이러한 동기가 대형 교회 형성의 중요한 요인이 되고, 큰 교회를 만들기 위해서 물질적, 인적 자원을 개교회 내에 우선적으로 사용하게 되어 교회들마다 개교회주의 사고가 굳건하게 뿌리내리게 되는 것이다. 이러한 인식이 목회자나 신자나 할

---

38. 신형광, "한국 교회 성장에 나타난 문제점 (1)", 『복음과 실천신학』, 제10권, 314쪽.

것 없이 누구에게나 강하게 작용하면서 개교회주의는 현재 한국 교회에서 그 어떤 것으로도 깨뜨리기 힘든 요새처럼 되었다.

최근 한국 교계에서 크게 문제가 되고 있는 교회 세습도 이렇게 막강한 교회의 물적, 문화적 자원을 공고히 하려는 시도로 이해할 수 있다. 앞에서 말한 바와 같이 대형 교회의 자원과 자산은 하루아침에 이루어진 게 아닌데 후임 목회자가 이것을 유지하지 못할 수도 있다는 불안감과 불확실성 때문에 교회 사정을 가장 잘 알고 전임 목회자의 생각과 의도를 가장 잘 이해하는 아들이나 사위가 담임 목사직을 물려받는 것이 교회의 안정을 가장 잘 담보할 수 있는 나름의 '합리적인 선택'이라고 생각하는 사람도 있다. 여기에 공정성 시비 등 교회 안팎으로부터 받는 비난이나 교회 세습이 성경의 가르침에 부합하는가 하는 의문은 부차적인 문제로 치부되는 것이다.

이러한 한국 교회의 강한 개교회주의 성향은 교회 연합 활동을 어렵게 하고, 더 나아가서 교회의 기본 원리 중 하나인 공교회성을 침해한다는 점에서 매우 심각한 문제이다. 지상에 있는 모든 교회가 똑같은 하나님의 교회이고 그리스도의 몸 된 교회로 여겨져야 하지만 현실에서는 모두 잠재적 경쟁 관계에 있다. 가까운 곳에 다른 교회가 세워지면 그 교회를 우리 교회가 협력해야 할 지체로 여기는 것이 아니라 우리 교회가 누르고 이겨야 할 경쟁자로 여기기 때문에, 그 교회 설립이 전혀 반갑게 느껴지지 않는다. 실제로 수도권에 교회를 개척한 목사가 이웃 교회에 찾아가서 목사님께 인사를 드리고 협력을 요청했더니 그 목사님이 차가운 눈빛으로 바라보면서 "각자 잘합시다!"라고 말했다고 한다. 이것이 한국 교회 개교회주의의 민낯이다.

이렇게 교회마다 눈앞의 이익만 추구하다 보면 결국 전체 한국 교회의 이미지만 더 나빠지고 결국 공멸의 상황에 빠질 수도 있다. 이 개교회주의는 목회자의 경제 현실을 해소하는 데도 장애물이 되고 있다. 많은 작은 교회들이 당하고 있는 경제적인 어려움은 개교회 수준에서는 해결하기가 어렵다. 그런데 상대적으로 여유가 있는 대형 교회들이나 교단에서 주변 작은 교회의 현실에 대해 나 몰라라 한다면 작은 교회들은 더욱 궁지로 내몰릴 수밖에 없다. 그러면 작은 교회들은 수단과 방법을 가리지 않고 어쨌든 양적으로 성장하기 위해 더욱 애를 쓰게 되고 이러한 상황이 개교회주의의 악순환을 일으키게 되어 한국 교회 전체에 악영향을 미치게 된다.

4) 자발적 청빈인가, 강요된 가난인가?: 비현실적인 목회자 사례비

돈은 모든 사람들의 공통적인 관심사이다. 돈에 신경 쓰지 않고 사는 사람은 거의 없다. 그러나 돈에 대해 터놓고 이야기하기는 쉽지 않다. 돈은 지구를 하나로 엮어 내는 거대한 시스템을 구성하지만, 그와 동시에 프라이버시가 가장 중시되는 대상이다. 그래서 우리는 타인의 수입이나 재산 상태를 함부로 물어보지 않는다. 직장에 처음 들어가서 봉급이 얼마인지 대놓고 물어보기도 쉽지 않다. 요즘은 연봉 협상을 하는 경우가 드물지 않지만 외국과 같이 치밀하게 '협상' 하는 경우는 흔하지 않다. 돈에 집착하는 것처럼 보이는 것은 천박해 보인다는 인상을 주기 때문이다. 그래서 뒤에서 셈을 할지언정 면전에서는 돈에 큰 관심이 없는 척 행동하기도 한다.

교회에서는 더욱 그렇다. 특히 목회자들이 돈에 연연해하거나 돈을 밝히는 인상을 주는 것은 목회자답지 않고 매우 바람직하지 않은 모습으로 여겨진다. "돈을 사랑하는 것이 일만 악의 뿌리"라든지, "돈과 하나님을 함께 섬길 수 없다."라는 성경 말씀을 앞세워서 목회자라면 돈 문제에 초연하게 행동하는 것이 어울린다고 생각한다. 또한 교계에서는 목회자라면 '청빈'한 삶을 살아야 한다고 여겨 왔다. 청빈의 사전적 의미는 "청렴하면서 가난함"이다. 곧 게으르거나 무능해서 가난한 것이 아니라 청렴한 삶을 위해 자발적으로 재산을 포기하고 가난하게 사는 것을 의미한다. 목회자는 영적인 지도자이기 때문에 육적이거나 물적인 데 관심을 두지 말고 청빈을 자초함으로써 영성을 고양해야 한다고 사람들은 생각한다. 그래서 역사에서 존경받는 성인이나 목회자들을 거론할 때마다 그들이 '청빈한 삶'을 살았다는 것을 강조한다. 과거 프란체스코나 도미니크 수도회의 경우 청빈을 수도자의 가장 중요한 덕목으로 내세웠다. 물론 이것은 당시 성직자들의 타락에서 기인한 반대급부적인 경향이기도 하지만, 중요한 것은 청빈을 수도자의 중요한 덕목으로 보았다는 것이다.

여기에 유교의 선비 정신도 영향을 미쳤다. 유교 전통의 영향을 받은 우리 사회에서는 선비 정신을 중요하게 여겨 왔는데 여기에서는 공자가 의롭지 않은 방법으로 부를 얻고 누리는 것을 부끄럽게 생각하라고 가르친 것이 중요한 부분을 차지한다. 곧 부정한 이익을 거부하겠다는 대쪽 같은 선비 정신 때문에 가난한 삶을 살게 된다면 그것은 자랑스러운 일이라는 생각이 전통적인 청빈 사상에 스며들어 있는 것이다. 한국 교회에서 목회자는 유학을 공부하던 선비의 이미지와 중첩된다. 한국 교회에서 목회자는 성경 말씀을 전하는 전도자나 종교 활동가보다는 성경을 연구하고 이를 잘 가르치는 성경 교사 이미지가 강하고 이것이 곧 조선 시대 선비의 이미지와 겹치는 부분이다. 교회의 전통과 유교의 전통이 절묘하게 맞물리면서 목사라면 부를 누리기보다 청빈한 삶을 사는 것이 마땅하다고 여겨지게 된 것이다.

한때 한국 교계에서는 '청빈론'과 '청부론'이 맞부딪히기도 했다. 청부론은 부와 소유를 지향하는 것이 결코 성경에서 벗어난 것이 아니며 깨끗한 부자로서 재산을 잘 쓰는 것이 중요하다는 논지다. 청부론을 대표하는 김동호 목사는 그의 책 『깨끗한 부자』를 통해서 청부론, 곧 깨끗한 부자를 지지하는 논리를 펼쳤고, 김영봉 목사는 『바늘귀를 통과한 부자』를 통해서 청빈론, 곧 영성적 가난을 이야기했다. 이 두 인물을 중심으로 다양한 출판물과 언론에서 청빈과 청부에 대한 토론을 진행하기도 했다. 어느 쪽이 더 옳다고 단정해서 말하기는 어려우나 교계에서는 대체로 청빈론을 지지하는 입장이 우세한 것으로 보인다. 부는 그리스도인을 잘못된 길로 인도할 우려가 있지만, 가난은 오히려 많은 유익이 있다고 받아들여지기 때문이다.

사실 한국 교회 초기에는 목회자 경제 문제나 가난이 크게 문제되지 않았다. 목회자뿐만 아니라 국민 대부분이 경제적으로 어려운 형편이었기 때문이다. 그래서 선교 초기 선교사들은 한국의 빈곤 문제를 해결하기 위해 다양한 노력을 펼치기도 했다. 1970년대 이후 한국 경제는 급속도로 발전했고 현재는 1인당 GDP가 3만 불을 넘어서고 있다. '원조를 받던 나라'에서 '원조를 하는 나라'로 바뀌었다는 것이 우리나라 경제 성장의 상징적인 표현이다. 교회 역시 궤를 같이 하여 1970년대 이후 폭발적으로 성장하고 세계에서 주목할 만한 대형 교회가 여러 개 등장하면서 상황이 바뀌었다. 현재 한국 교계에는 50만 명의 신자를 자랑하는 세계 최대 교회를 비롯해서 신자 수가 1만 명이 넘는 초대형 교회도 여럿 존재한다. 대개 외국 학계에서는 교인 수가 1천 명이면 대형 교회로 분류하지만 1만 명이 넘는 초대형 교회가 여럿인 한국 교계에서 1천 명 규모의 교회는 대형 교회라고 말하기 민망할 정도이다.

대형 교회 목회자의 월 소득은 밝혀진 바가 없지만, 간혹 언론에 보도되는 사건들로 미루어 볼 때 억대에 이를 것으로 추정된다. 교인 수 1천 명이 넘는 교회에서 목회자 연봉이 1억 원 정도 되는 것을 크게 문제 삼지 않는 것이 요새 풍토이다. 그러나 한국 교회의 다수를 차지하는 작은 교회의 목회자들은 사정이 전혀 다르다. 앞에서 살펴본 바와 같이, 교회를 설립한 지 몇 년이 지나도록 '개척 교회 수준'을 벗어나지 못하는 교회가 수두룩하다. 대개 교회 설립 3년이 지나면 개척 교회 딱지를 떼게 되지만 10년이 지나도 재정이 미자립인 교회가 많아서 '개척 교회 수준'이라는 말을 관행처럼 쓰고 있다. 이러한 교회 목회자들은 자발적인 청빈이 아니라 사실상 강요된 가난에서 벗어나지 못하고 있다.

개척 교회들이 어려운 이유 중의 하나는 목사가 주도해서 교회를 개척하기 때문이다. 전에는 성도들이 모여서 교회를 개척하고 목사를 청빙하는 것이 관례였지만, 요즘은 공급 과잉으로 수요 이상의 목회자들이 양산되면서 목회자 스스로 개척을 하는 경우가 대부분이다. 거기에다가 교회 간에 경쟁이 심한 상황에서 교인들이 민감하게 받아들이는 헌금을 강조하기는 매우 어렵다. 헌금이 성도들의 기본 신앙생활이자 의무 중의 하나이고 교회를 운영하기 위해서는 현실적으로 적지 않은 비용이 필요함에도 불구하고 개척 교회에서는 이것을 언급하기가 쉽지 않다. 따라서 개척 교회 목회자들은 본인의 사례비에 대해서는 구체적으로 얘기하지도 못하고 무급에 가까운 사례비로 겨우 생계를 유지하는 것이 현실이다.

지방 대도시에서 교회를 개척한 한 목회자는 지금은 아이들을 포함해서 1백여 명 교인들을 목회하고 있지만, 개척 후 10년이 지난 지금까지도 사례비는 100만 원 수준이다. 그래서 이 목사는 하루속히 목회를 그만두고 싶어 한다. 목회 자체는 보람도 있고 귀한 사역이지만 현실적으로 생활이 힘들기 때문이다. 그러나 본인이 사임하고 후임 목사를 청빙한다면 사례비는 반드시 현실화해야 한다고 이야기한다. 지금의 사례비는 너무 가혹하다고 생각하기 때문이다. 교인들이 성실하고 성품도 좋지만, 대부분의 교인들이 목회자는 으레 많은 사례비를 받지 않고 청렴하게 사는 것을 당연하게 생각하기 때문에 목사가 먼저 이 문제를 교회 안에서 공론화할 수 없었다고 말한다.

청빈한 삶이 바람직하다면, 그것은 목회자에게만 해당되는 것이 아니라 모든 성도에게도 똑같이 적용되어야 한다. 하지만 목회자에게는 영성이 중요한 덕목으로 강조되어, 더 엄격한 청빈이 요구되고 또한 강요되고 있다. 그래서 가족을 부양하기가 어렵거나 생계를 유지하기조차 어려운 상황에서도 목회자가 자신의 경제 문제를 언급하는 것은 매우 적절치 않게 여겨지는 것이 현실이다. 그러나 목회자라도 최소한의 인간다운 삶을 영위할 수 있는 수준의 경제적 여건은 마련되어야 한다. 이것은 단순히 목회자 각 개인의 문제가 아니다. 한국 교회에서 절반이 넘을 것으로 추산되는 다수의 목회자가 처한 현실이다. 이 문제는 앞에서 살펴본 것처럼 개인의 능력으로 해결될 수준이 아니라 한국 교회의 구조적인 문제이므로 모든 교회와 그리스도인들이 대안을 마련해야 한다.

04

목회자 빈곤 문제의 극복 방안
한 공동체로서의 한국 교회

1) 사도신경의 '공교회'는 무슨 뜻일까?: 공교회성 회복

(1) 공교회성과 교회 생태계

이제까지 살펴본 목회자의 빈곤 문제를 극복하기 위해 가장 중요한 것은 공교회성 회복이다. 목회자들의 경제적 문제를 개인의 문제나 개교회의 문제로 보면 이 문제를 극복할 수 있는 방법을 찾기가 어렵다. 앞에서 논의한 바와 같이 한국 교회 안에 뿌리 깊게 자리 잡은 개교회주의가 이 문제를 더욱 어렵게 하고 있기 때문이다. 그러나 개교회주의의 취지는 권력의 집중과 절대화를 방지하기 위한 것이지 각 교회들을 각자도생의 길로 내몰고자 한 것이 아니다. 따라서 한 교회를 신앙 공동체로 여기는 것과 마찬가지로 전체 한국 교회를 하나의 보편적인 교회이자 공동체로 보는 공교회성 회복이 매우 시급한 과제이다. 개신교는 개교회의 자율성을 인정하는 개교회주의를 표방하지만 교회의 온전함은 공교회를 통해서 이루어지기 때문이다.

그러나 국민일보가 2019년에 조사한 '공교회에 대한 의식 조사' 결과에서 나타난 개신교인들의 공교회 의식은 다소 충격적이다. 사도신경에 나오는 "공교회"의 의미를 정확하게 인지하고 있는 비율이 개신교인 중 19%로, 5명 중 4명은 공교회의 정확한 내용을 잘 모르는 것으로 나타났기 때문이다. "공교회"의 뜻을 알고 있다고 응답한 비율은 43.8%였으나 실제로 그 뜻을 제대로 알고 있는 비율은 20%가 채 되지 않았다. 대부분의 교회들이 주일 예배 때마다 사도신경을 외우며 신앙고백을 하고 있지만 정작 공교회의 의미를 모르는 경우가 80% 이상인 것이다.

그런데 공교회의 의미에 대해 "'공교회'란 교회 밖, 즉 이웃과 사회를 위한 공적인 역할을 수행하고 한국 교회를 하나의 교회로 인식해서 자기 교회가 다소 손해를 보더라도 한국 교회 전체적인 입장에서 사역을 감당하는 교회를 말합니다."라고 설명한 후에 공교회 역할의 중요성에 대해 질문하자, 목회자를 제외한 개신교인 가운데 94%, 목회자 가운데 100%가 '중요하다'고 응답해 공교회의 중요성에 대해서는 절대적으로 인정하고 있음을 알 수 있었다. 그러나 출석 교회나 한국 교회가 공교회적 역할을 충분히 하고 있느냐는 질문에 대해서는 절반 정도만 그렇다고 응답했다.[39]

이 조사에서는 현재 한국 교회의 양극화가 매우 심각한 상태에서 공교회성 회복은 대형 교회의 역할에 크게 의존할 수밖에 없는 상

---

39. 『국민일보』, 2019년 3월 6일자.

황이라고 보고, 공교회성 회복을 위해 대형 교회가 우선적으로 해야 할 일이 무엇인지 질문했다. 목회자를 제외한 개신교인들은 '사회와의 적극적 소통/사회 발전을 위한 활동'(37%)을, 목회자들은 '미자립 교회 지원/교회 양극화 해소'(30%)를 각각 가장 높게 지적해, 두 그룹 간에 다소 차이를 보였다. 목회자들은 교회에, 일반 개신교인들은 사회 문제에 더 많은 관심을 나타낸 것이다. 다음으로 한국 교회가 관심을 가져야 할 분야에 대해서는 두 그룹 모두(개신교인 36%, 목회자 47%) '자기 교회 중심에서 벗어나 한국 교회 전체를 바라보는 교회의 공공성'이라는 응답이 가장 높았다. 한국 교계에서 교회의 공공성에 대해 처음 조사한 결과에서 공공성이 1위로 지적된 것은 그만큼 공공성의 중요성에 대해 일반 신자와 목회자 모두가 인식하고 있다는 뜻이다.

공교회성과 관련하여 최근에는 교회 생태계라는 말이 자주 사용되고 있다. 이는 일반 생태계와 마찬가지로 교회들의 관계가 생태계처럼 서로 연결되어 있어서 직간접으로 영향을 주고받고 있다는 의미일 것이다. 생태계가 건강하기 위해서는 특정 부류의 개체만이 아니라 모든 개체들이 공생 또는 상생할 수 있는 여건이 마련되어야 한다. 이것을 교계에 비추어 본다면 교회 생태계를 이루고 있는 다양한 개체와 주체들이 서로에게 건강한 영향을 미치며 도움이 되고 있는가라는 측면에서 개교회의 공동체성뿐만 아니라 전체 교회의 공동체성을 생각해 볼 수 있다.

작은 시냇물들이 모여서 큰 강물을 이루기 때문에 작은 시냇물이 없어지거나 오염되지 않도록 하천 관리를 해야 하듯이, 전체 한국 교회를 살리기 위해서는 작은 교회들이 활력을 잃어버리지 않도록 잘 돌봐야 한다. 사회학에는 "개인의 합리성이 집단의 합리성을 담보하지 못한다."라는 말이 있다. 만일 어떤 건물에 불이 나면 개인의 입장에서는 자기가 살기 위해서 다른 사람을 제치고라도 자기 먼저 밖으로 뛰쳐나가는 것이 합리적인 행동이지만, 모든 사람이 그렇게 하면 극심하게 무질서해지기 때문에 모두가 사망에 이를 수도 있어서 전체 집단에는 매우 비합리적인 결과가 올 수 있다는 것이다.

마찬가지로 큰 교회가 자기 교회의 성장과 이익을 위해 주변의 다른 교회를 고려하지 않고 자기 교회 중심으로 활동한다면 결국 교회에 대한 인식이 나빠져서 전체 한국 교회에 악영향을 미치고 공멸할 수도 있다는 인식이 교계에도 필요하다. 건강한 교회 생태계를 위해서는 작은 교회의 장점들을 발굴하고 교계에서 공감해 주는 것이 필요하다. 현실상 한국 교회의 절대 다수를 차지하는 작은 교회들이 자존감을 회복해야 할 뿐만 아니라 그 장점들을 살려서 보다 의미 있는 목회를 감당해 나가야 하기 때문이다.

(2) 작은 교회의 의미와 가능성

흔히 교회 양극화라고 표현되는 교회 간 불균형과 쏠림 현상으로 인해 교회가 작을수록 성장하기가 더 어려운 것이 현실이다. 예장 통합 교단 조사에 의하면, 교인 수 100명이 안 되는 교회가 전체 교단 교회 수의 60%를 넘는 것으로 나타났는데, 이들 교회에 등록된 교인은 전체 교단 교인 수의 불과 7.5%에 그쳤다. 반면에, 교인이 500명 이상 출석하는 교회는 전체의 7.4%에 불과했지만, 이들 교회에 출석하는 교인은 전체의 74.4%를 차지했다. 이러한 교회 양극화 현상은 앞으로도 상당 기간 동안 계속될 것이다. 이러한 현실에서 기존의 개 교회 중심의 성장주의 패러다임으로 교회를 운영한다는 것은 더 이상 적실성을 갖지 못할 것이며, 이제 한국 교회는 교회 생태계에 대한 새로운 패러다임으로 현실을 분석하고 대응 방안을 마련해야 할 상황에 놓여 있다.

이러한 점에서 우리는 작은 교회의 의미를 다시 생각해 볼 필요가 있다. 자칫 작은 교회를 뭔가 결여된 교회로 볼 우려가 있으나, 교회 규모가 작다고 해서 문제가 있다고 생각하는 것은 교회에 대한 잘못된 이해 때문이다. 큰 교회 목사는 성공한 목사이고 작은 교회 목사는 실패한 목사로 보는 관점은 철저하게 경제주의에 의해 왜곡된 교회관에 기초하고 있다. 오히려 작은 교회가 교회의 본질적 특성과 성경에서 말씀하고 있는 공동체로서의 교회에 보다 가까운 형태를 지니고 있다고 보아야 한다.

여기서 종교교육학자인 웨스터호프가 교인 수 250명이 넘으면 공동체성을 담보하기 어렵다고 한 점에 주목할 필요가 있다. 목회자들의 경험에 따르면, 대략 그 정도 이상으로 교인 수가 늘면 전체 교인 이름을 외우기가 어려워진다고 말하기도 한다. 작은 교회의 가능성과 의미를 바로 여기에서 발견할 수 있다. 대형 교회가 되지 못해서 작은 교회인 것이 아니라 공동체성을 위해 작은 교회를 추구할 수도 있는 것이고 이것이 오히려 교회로 교회 되게 하는 바람직한 방법이기도 하다는 것이다. 이런 점에서 작은 교회는 단순히 규모가 작은 교회라기보다는 "교회의 공동체성을 담보할 수 있는 작은 교회의 가치를 존중하고 그 의미를 추구하는 교회"라고 보는 것이 옳을 것이다. 이렇게 작은 교회의 정신을 추구하는 것이 현재 한국 교회가 직면한 많은 문제를 극복할 수 있는 대안이 될 수 있을 것이라고 본다.

이러한 작은 교회가 갖는 장점은, 첫째로 교회 공동체성 구현에 유리하다는 것이다. 작은 교회는 규모가 작기 때문에 공동체의 필수 요건인 대면(face to face)의 친밀한 인격 관계를 형성하는 데 적합하다. 작은 교회는 익명성을 보장하지 않기 때문에 교인들이 공동체의 다른 구성원들에게 자신을 개방하고 노출시킬 수밖에 없다. 그래서 보다 더 인격적인 교제를 하게 되는 것이다. 또한 대형 교회는 교인이 너무 많기 때문에 이렇게 저렇게 구획이 나눠짐으로써 분절화되고 단절될 수밖에 없다는 한계가 있다. 이와는 달리 작은 교회에서는 남녀노소가 어우러져 교제하고 활동하게 되는데 이것이 신앙 공동체에 보다 더 적합한 모습이며 이를 통해서 같은 공감대를 형성하는 데 유리하다.

둘째로, 공동체 구성원 모두가 역동적으로 참여할 수 있다는 것이 작은 교회가 갖는 큰 강점이다. 앞에서 말한 바와 같이 큰 교회일수록 참여자가 소수에 제한되는 특성이 있기 때문에, 큰 교회에서는 전체 교인의 20%만이 적극적으로 교회에서 활동하고 나머지 80%는 마치 고객과 같이 소극적으로 남아 있으려는 경향이 있다. 그러나 작은 교회는 익명성이 보장되지 않기 때문에 오히려 모든 교인들이 잠재력을 발휘할 수 있는 여건이 된다. 따라서 보다 많은 사람들이 교회 활동에 참여하게 되고 일의 결과에 좌우되지 않고 참여 과정 자체가 갖는 의미를 경험할 수 있는 구조이다. 대개 작은 교회에서는 어렸을 때부터 비중 있게 교회 활동에 참여하게 되는 경우가 많아서 인적 자원을 개발하는 면에서도 더 유리하다.[40]

미국 교회에 대한 연구를 보면 교인들의 참여도는 교회의 규모와 반비례하는 것으로 나타난다. 큰 교회의 교인들은 책임도 적게 지고, 헌금도 적게 내는 것으로 알려졌다. 자신이 하지 않더라도 다른 사람이 할 것이라고 기대하기 때문이다. 그리고 교회가 커지면 교회 일의 많은 부분을 유급 직원들에게 넘기는 경향도 나타나는데, 이것은 교회의 견고한 결속을 해치는 치명적인 결과를 낳는다.[41] 그뿐만 아니라, 큰 교회는 효율성을 중시하게 되므로 교회조차도 관료제적인 특징을 닮아 가는 부작용이 있지만, 작은 교회는 일의 결과보다도 과정을 중시하고 일 중심의 사역을 하기보다 사람 중심의 사역을 전개할 수 있다는 장점이 있다.

셋째로, 작은 교회는 '아래로부터의'(bottom-up) 리더십을 통해 쌍방향 의사소통 구조의 구현이 가능하다. 근대적인 리더십은 이른바 '교사-학생' 모델로서, 리더가 정답을 알고 있고 조직 구성원들은 그 정답을 따르기만 하면 된다는 '위로부터의'(top-down) 모델이다. 많은 교회 지도자들은 여전히 올바른 방법과 전략만 갖는다면 원하는 미래를 만들어 갈 수도 있고 관리할 수도 있다고 약속하는 근대화 기획에 매료되어 있다. 이들에게 그 미래는 여전히 많은 사람들로 가득 차는 대형 교회를 뜻한다. 그러나 이것은 우리 사회가 변화해 나가는

---

40. 존 존스톤 외, 『대형 교회 시대의 작은 교회』(서울: 수직과수평, 2000), 43쪽.
41. 윗글, 39쪽.

방향과는 거리가 먼 것이다.

　사회는 점점 더 불확실한 상황으로 변해 가고 있다. 이러한 탈현대적 변화가 일어나는 상황에서는 거창한 사명 선언이나 전략적 기획보다는 지역에 있는 평범한 사람들의 삶과 그들에게 일어나는 실제적인 변화에 주목하면서 지도자와 구성원이 함께 그들 나름대로의 대안을 마련해 가는 '아래로부터의' 활동이 적실성을 가질 것이다. 어느 시대 어느 사회에나 들어맞는 보편적인 원리를 추구하고 거대 담론을 논하기보다는, 평범한 사람들의 소소한 이야기에 귀를 기울이며 스스로 그들만의 삶과 신앙에 대한 이야기를 만들어 갈 수 있도록 안내하는 것이 탈현대 시대의 리더에게 적합한 덕목이다. 바로 이러한 리더십의 구현이 작은 교회에서 가능하다.

　마지막으로 지역 사회와의 근접성이다. 대부분의 작은 교회는 지역 사회 안에, 그것도 주로 주택가 안에 자리 잡고 있다. 최근에 성장한 대형 교회들이 교회당을 크게 짓기 위해서 땅값이 저렴한 변두리 지역, 심지어는 주택이 전혀 없는 허허벌판으로 가는 경우가 자주 있다. 그러면, 말은 지역교회라고 하면서도 지역주민들과 교감이 거의 없는 상황에 처하게 되어 그 교회는 지역성을 상실하게 된다. 이에 반해, 작은 교회는 지역 사회 안에 존재하기 때문에 지역 사회와의 심리적 장벽이 거의 없고, 지역 주민이나 지역 단체와의 연합 활동에 유리한 측면이 있다. 특히 소도시나 시골의 경우에는 작은 교회라고 해도 도시 교회에 비해 더 높은 인지도와 위상을 갖게 되고 목회자

역시 지역 사회 주요 인사로 활동할 수 있다는 장점이 있다.[42]

특히 큰 교회는 이른바 '자기 완결 구조'로 모든 일을 외부 단체나 외부 자원의 도움 없이 진행할 수 있고 또 그렇게 하기를 원하는 반면에, 작은 교회는 자원이 부족해서 외부 단체나 외부 자원과의 연계가 반드시 필요한데 이것이 오히려 작은 교회의 장점이 될 수 있다. 교회가 공동체성을 회복한다고 해도 그것이 개교회 내에 국한된 것이라면 폐쇄적이고 배타적인 공동체가 될 것이므로, 지역의 다른 교회와 교류하고 협력하는 다양한 활동들에 관심을 갖고 참여해야 한다. 이러한 작은 교회의 장점을 살려 교회의 공공성을 회복하고 사회에 대한 공적인 책임을 다함으로써 진정한 공동체로 거듭날 필요가 있다.

대부분의 교회에서는 사회봉사나 대외 활동을 하려면 많은 자금이 필요하다고 생각한다. 물론 모든 활동에는 기본적으로 자금이 필요하다. 그러나 사회봉사는 반드시 거대 자금이 필요한 일도 아니고 대형 교회만 할 수 있는 일도 아니다. 1억 원의 자금을 지원할 수 있는 대형 교회 하나보다는 수십만 원을 후원할 수 있는 작은 교회 수백 개를 통한 봉사 활동이 훨씬 더 효율성과 융통성을 발휘할 수 있을 뿐만 아니라 더 많은 사람들이 자발성과 주체성을 가지고 직접 활동에 참여할 수 있게 한다. 산업사회 시기의 대량 생산 방식은 많은 에너지를 소비하고 낭비를 초래하기 때문에 요즘에는 다품종 소량 생산 방식을 추구한다. 이처럼 교회에서도 대규모 방식의 활동보다

---

42. 윗글, 45쪽.

는 각각의 필요에 적절하게 반응할 수 있는 다양한 소모임 활동을 하는 것이 바람직할 것이다. 이렇게 작은 교회들이 사회봉사와 사회 활동에서 제 역할을 담당할 때 한국 교회는 공공 종교로서의 기능을 수행하게 될 것이며 그만큼 우리 사회에서 교회가 감당할 수 있는 공공 영역이 확장될 것이다.

(3) 작은 교회 정신을 추구하는 목회

한국 교회의 건강한 생태계를 만들기 위해서는 이러한 작은 교회의 특성과 장점을 잘 이해하고 작은 교회의 정신을 추구하는 목회로 전환할 필요가 있다. 이를 위해서는 먼저 작은 교회로서의 자존감을 회복해야 한다. 큰 교회가 되지 못했다는 열패감을 딛고 작은 교회로서의 성경적 가치와 존엄성을 가질 필요가 있다.[43] 그러나 규모가 작다고 해서 그것이 곧 공동체라는 의미는 아니다. 작은 교회라도 권위적인 리더십을 앞세워 교인들을 단순히 목회의 대상으로 여기는 독단적인 목회를 한다면 공동체의 의미와는 거리가 멀어지게 될 것이다. 따라서 규모와 상관없이 작은 교회의 가치와 교회의 공동체성을 추구하는 것이 중요하다.

이런 점에서 규모가 큰 교회라도 성장만을 추구하지 않고 '교회 안의 작은 교회'(ecclesiola in ecclesia) 정신에 따라 공동체라는 교회의 본질을 회복하는 데 힘쓴다면 얼마든지 교회 규모와 상관없이 다른

---

43. 작은 교회의 의미에 대해서는, 안영혁, 『작은 교회가 더 교회답다』(서울: 겨자씨, 2001), 120-121쪽을 볼 것.

교회들과 서로 연대하고 협력할 수 있을 것이다. 이런 방식으로 작은 교회 정신을 추구하는 교회들은 네트워크를 형성할 필요가 있다. 작은 교회가 갖는 여러 가지 강점에도 불구하고 자원이나 인력이 부족하다는 제약이 있기 때문에 이를 극복하기 위해서는 뜻을 같이하는 작은 교회들이 연계하고 협력해야 한다. 그러나 이러한 네트워크는 상명하달식의 관료제 구조가 되지 않도록 유의해야 한다. 작은 교회들이 각각 자율성과 주체성을 가지고 활동하되 필요에 따라 연합하고 협력하는 것이 바람직하다.

다음으로는, 작은 교회들의 연합 활동들이 필요하다. 작은 교회들은 대개 재정이나 인적 자원이 부족하고 회중의 수가 적기 때문에 자체적인 활동을 하기가 쉽지 않다. 이러한 문제를 극복하기 위해 작은 교회들이 연합하여 다양한 활동을 벌일 수 있다. 부흥 집회, 교사 대학, 성경 학교, 노인 대학, 연합 수련회 등을 한 교회에서 감당하기는 쉽지 않으나 지역의 여러 교회들이 협력하면 어렵지 않게 시작할 수 있다. 부족한 재정도 나누어 부담할 수 있을 뿐만 아니라 외부 강사나 전문가를 초청하지 않더라도 여러 작은 교회의 목회자에게서 좋은 교육을 받을 수 있다.

최근에 작은 교회들을 중심으로 활발하게 전개되고 있는 지역 운동에도 적극적으로 참여할 필요가 있다. 큰 교회들에 비해 상대적으로 지역 밀착형인 작은 교회들이 지역 사회에서 다양한 봉사 활동에 참여하거나 최근에 주목받고 있는 마을 만들기 활동에 참여하는 것은 교회의 공신력 회복에도 상당한 도움이 된다. 회중 수가 적은 교회는 상대적으로 교인 돌봄에 많은 시간을 할애하지 않아도 되므로 지역 활동에 참여할 수 있는 시간적 여유가 많은 편이다. 최근에는 지역 공동체 활동에 관심을 갖고 참여하는 교회들이 늘고 있으나 대개 개교회 차원에서 이루어져서 그 의미가 반감되고 있다. 따라서 지역의 여러 교회들이 협력하여 활동한다면 효율성 측면에서뿐만 아니라 개교회주의로 인한 폐해를 줄이는 데에도 도움이 될 것이다.

이와 관련하여 교동협의회나 교구협의회 활동에도 관심을 갖고 참여하는 것이 좋은 방법이다. 지역에 따라서 지역 행정 기관인 주민센터(옛 동사무소)나 구청과 지역 교회들이 협력하여 지역 활동을 하는 지역협의회가 활성화되어 있는데, 이 활동에 적극 참여하면 여러모로 도움이 된다. 실제로 지역에 있는 여러 교회들이 행정 기관과 협력하여 다양한 사회봉사나 복지 활동을 하는 사례들이 있다. 한국 전쟁 후 피난민들이 모여 살면서 형성한 해방촌 인근 후암동에서는 서로 다른 교단에 속한 아홉 개 교회가 서로를 형제 교회라고 칭하며 다양한 협력 사역을 하고 있다. 재개발이 이루어지기 전에 북아현동에서는 교동협의회와 주민자치위원회가 나서서 '북아현동 굴레방 나눔 한마당' 축제를 벌이기도 했다. 재개발로 지역 주민들 사이에 갈등을 빚은 이 지역에서는 교회가 중심이 되어 동네에 있는 웨딩협회, 가구상가번영회, 장애인종합복지관, 직능 단체, 은행, 추계예술대학교 등이 함께하여 축제를 벌였다. 이런 지역 활동에 규모가 있는 중대형 교회들이 참여하여 상대적으로 여유 있는 자원을 공유한다면 큰 힘이 될 것이다.

아울러 작은 교회들에 대한 중대형 교회들의 지원도 방향 전환이 필요하다. 대부분 교회들이 작은 교회들에게 5-10만 원 정도를 후원하고 있고 이는 대부분 특별한 용도 없이 잡비 정도로 사용되는 것이 현실이다. 교회 재정이 절대 부족한 작은 교회의 현실에서는 이것도 많은 도움이 되는 것은 사실이나, 이를 통해서 규모 있는 사역이나 활동을 벌이기는 사실상 불가능하다. 따라서 의미 있는 사역 계획을 가지고 있는 작은 교회를 발굴하고 어느 정도 규모 있는 재정과 인적 자원을 지속적으로 제공해서 그 사역이 지역에서 뿌리내릴 수 있도록 돕는 것이 보다 현실적인 방안일 것이다. 이를 통해 모범적인 사례들이 나오게 되면 다른 작은 교회에도 긍정적인 영향을 미칠 수 있을 것이라 기대된다.

이러한 방식으로 작은 교회 문화를 형성하고 확산하도록 노력해야 한다. 작은 교회 정신이 몇몇 교회의 작은 몸부림으로 그칠 것이 아니라 하나의 존재 양식으로, 그리고 하나의 교회 문화로 자리 잡을 수 있도록 이 정신을 확대 재생산해야 한다. 그리하여 '양극화'라는 교회 쏠림 현상으로 큰 교회만 성장하고 작은 교회는 고사 상태로 내몰리고 있으며, 공동체성을 상실한 교회에 실망하여 교회를 떠나는 사람들이 늘어나고 있는 한국 교계 현실에서, 이 방식이 새로운 대안 문화가 될 수 있도록 함께 노력해야 한다. 이러한 노력을 통해 작은 교회 목회자들의 경제 문제도 극복할 수 있는 가능성이 열릴 것이다.

2) "하나를 위한 모두, 모두를 위한 하나": 교단 차원의 대안 마련

(1) 교단 사례

목회자 빈곤 문제를 해결하기 위한 두 번째 방안은 교단 차원에서 대책을 세우는 것이다. 개신교회는 개교회주의를 원칙으로 하면서도 교단 단위로 통일된 교리를 가지고 있으며 목회와 신앙생활의 원칙을 정하고 있다. 최근에는 '후기 교단주의'라고 할 정도로 교단의 힘이 약화되고 그 정체성도 희박해지고 있기는 하지만, 개교회주의를 극복할 수 있는 가장 현실적인 방안은 교단 차원의 연합 활동을 전개하는 것이다. 교단이 다를 경우에는 교회들 사이에 책임 의식도 약하고 목회 원리나 방식이 다르기 때문에 연합 활동을 하는 데에도 어느 정도 한계가 있다. 그러나 같은 교단 안에서는 이러한 제약이 없을뿐더러 지역 단위(노회나 지방회)로 엮여 있기 때문에 지리적으로도 비교적 가까이 있어 연합 활동을 하기가 수월하다. 또한 교단별로 상회비를 납부받아서 어느 정도 재정도 확보되어 있으므로 이러한 재정의 일정 비율을 저소득층 목회자를 위해 사용할 필요가 있다.

실제로 기독교장로회(약칭, '기장')의 경우 생활 보장 제도를 두어 이를 시행하고 있다. 기장 교단의 생활 보장 제도는 약 30년 역사를 가지고 있다. 30여 년 전에 농어촌 미자립 교회나 도시 개척 교회 또는 특수 목적의 교회를 돕기 위해 생활 보장 제도를 마련했는데, 이런 제도가 개신교회의 개교회주의, 그리고 대형 교회와 미자립 교회의 양극화를 극복할 수 있는 실마리가 될 수 있다고 판단했기 때문이다. 생활 보장 제도의 목적은 위원회 규정에 나와 있는데, 그 내용은 다음과 같다. 1) 교역자의 기본적인 생활을 제도적으로 보장하며 목회 사명에 충실하도록 돕는다. 2) 교역자의 도시 밀집화 경향을 막고 농어촌 취약 지구에까지 교역자가 가서 사역하도록 돕는다. 3) 산업 선교 및 특수 선교 분야를 개발 또는 지원하는 일을 돕는다. 4) 지역 간의 격차, 교회 간의 격차를 가급적 좁혀 균형 있는 교회 발전을 이루고 교역자 간의 유대감 형성을 도와서 성숙한 선교 공동체를 이룬다.

이 교단의 생활 보장 제도는 각 교회의 의무 헌금을 재원으로 삼아 운영된다. 의무 헌금 규정에 따라, 기장의 모든 전임 교역자가 드리는 십일조의 50%를 의무적으로 헌금하는 것으로 하고, 이 헌금을 하지 않으면 노회원이나 총회원의 자격을 주지 않도록 한다. 각 노회의 헌금 대상자가 일정 비율(85%) 이상으로 헌금에 참여하지 않으면 해당 노회의 모든 지급 대상 교회에 지원금이 지원되지 않는다. 생보 헌금에 참여하는 것을 정확히 확인하기 위해 교단의 모든 교회는 매년 1월까지 각 지교회의 예결산과 목회자 사례비를 노회와 총회에 보고하도록 되어 있으며, 이 보고를 하지 않는 교회에는 헌금액의 10%를 상향 조정해서 의무 부과한다.

이러한 규정과 시행 세칙이 지속적으로 보완되면서 기장의 생활 보장 제도는 90% 이상 교회가 참여하는 제도로 정착되었다. 현재 교단의 1600여 개 교회 중에서 생활 보장 수혜를 받는 교회는 400여 개 교회에 이르는 것으로 알려져 있다. 경기노회는 70개 교회 중에서 20여 개 교회가 생활 보장 수혜 교회이다. 생활 보장금 지급 대상 교회는 각 노회 위원들의 회의에서 선정하는데, 현재는 예산 3천 6백만 원 이하 교회가 지급 대상이고 지급액은 30만 원이며 사모의 직업 유무 등에 따라 차등을 두고 있다.

예장 통합 교단은 2001년 86회 총회에서 "미자립 교회 교역자 생활비 평준화 방안"을 의결했는데 이 방안은 바로 실행되지는 못하다가 2005년부터 실행되었다. 이 교단에서는 총회 산하 미자립 교회 목회자들의 생활 대책과 생활비 공평 지원으로 생활비 평준화를 이루어 안정된 목회를 도모하고 도시 교회와 농어촌 교회 간 연대를 통한 목회자 수급 균형을 이루기 위해 이 방안을 실시한다고 밝히고 있다. 그 내용을 보면, 미자립 교회 기준으로 농어촌 교회 연 예산 2,000만 원 이하, 중소 도시 교회 2,500만 원 이하, 특별시 및 광역시 교회 3,000만 원 이하로 정하고, 총회는 미자립 교회에 대한 교역자 생활비 평준화 작업에 착수하여 월평균 100만 원을 생활비 기준으로 책정하고 각 노회를 사업 주체로 정했다. 곧 목회자 본인과 가족 2인을 기본으로 월 1백만 원이 책정되며 생계를 같이하는 가족(직계존비속)이 추가되면 1인당 10만 원씩 부가적으로 지급한다. 그리고 가정에 중학생이 있는 경우에는 월 5만 원, 고등학생이 있는 경우에는 월 10만 원, 대학생(1인 한정)이 있는 경우에는 월 20만 원을 추가로 지급한다. 여기서 생활비 책정 기준에 의해서 해당 노회가 교역자 생활비를 지원하게 되며 부족분은 지원 교회를 연결해 주어 지원하도록 하고 있다. 실제로는 노회에 따라서 이 제도가 제대로 시행되기도 하고 여러 가지 사정상 시행되지 못하는 경우도 있다.

루터교는 보다 다양하게 목회자 지원을 하고 있는데, 먼저 교회 개척 지원금으로 5억 원을 책정해 놓고 있다. 교회를 개척할 경우에 5억 원을 지원해 주는 것이다. 또한 선교 자립비라고 해서 4인 가족 기준으로 월 1,402,000원을 정해서, 교회에서 지급하는 사례비가 그에 미치지 못하면 그 부족한 부분을 지급해 준다. 개척 초기에 최대 연간 16,824,000원을 지원하는 것이다. 신학대학원 장학금으로도 연간 7,104,000원을 지급해서 3년 동안 총 21,312,000원을 지원한다.

은퇴 연금으로는 국민연금이나 우체국 연금으로 매월 10만 원을 적립하며, 35년 목회 시 월 810,000원 기준으로 국민연금 또는 우체국 연금 수령액을 제외하고 안수 연차에 맞는 은퇴 연금을 지급한다. 이 교단은 의료 보조비도 지원하는데 일반 의료비로 연간 760,000원(380,000원씩 연 2회)을 지원하고, 특별 의료비로는 병원비가 100만 원 이상 150만 원 이하일 때 20만 원 지원, 병원비가 150만 원 이상일 때 30만 원을 지원하고, 그 밖의 고액 병원비 발생 시에는 임원 회의에서 논의한 후에 50% 정도를 지원하도록 규정하고 있다. 이러한 목회자 지원에 필요한 재원은 총회 소유 건물의 임대료 수익으로 마련한다.

대한성공회 서울교구에서는 성직자 생활 안정 기금을 운용한다. 미자립 교회 성직자들이 기초적인 생활조차 유지할 수 없는 것을 보면서 10여 년 전부터 성직자들이 자발적으로 성직자 나눔 운동을 전개하고 있다. 성직자들이 월 기본급의 2%를 모아서 미자립 교회 성직자들을 지원한다. 그러나 이 금액만으로는 미자립 교회 성직자들에게 상여금은 지원하지 못하고 월 기본급의 부족분만 지원할 수 있는 정도였기 때문에 보다 현실적인 방안을 마련하게 되었다. 서울교구 총무 위원회에서 성직자들의 안정적인 사목을 위해 2014년 교구 의회에서 성직자 생활 안정 기금 운용에 관한 법규를 의안으로 제출했고, 2015년부터 교회 신자들이 함께 동참하는 성직자 생활 안정 기금 운용 위원회를 구성하여 교구 법규로 시행하고 있다. 이 법규에 의하면, 모든 성직자가 최소한 기본급과 상여금 400%를 받을 수 있도록 서울 교구에 속한 모든 성직자, 교회, 기관은 출연금을 책정하여 의무적으로 납입해야 한다.

성공회에서 밝히는 성직자 생활 안정 기금 운용의 목적은 '선교 지향적인 성직자 인사의 필요성'이다. 대체적으로 서품 연차가 높은 성직자들은 큰 교회로 발령받고, 후배 성직자들은 작은 교회로 발령됨에 따라 기본 급여에서 큰 차이가 나게 되었고, 이러한 인사 문제는 성공회 발전에 큰 걸림돌이 된다고 보았다. 개척 교회나 농촌 교회에도 목회 경험이 풍부하고 노련한 선배 성직자들이 필요함에도 불구하고 대부분의 개척 교회나 농촌 교회는 재정 형편상 선배 성직자보다는 후배 성직자들이 맡아 왔다. 이런 문제 때문에 연공서열이나 서품 연차에 구애받지 않고 필요한 인재를 필요한 사역에 배치하여 교단의 발전을 도모하고자 한 것이다.

이 밖에도 많은 교단들이 나름대로 목회자 생활비 지원 방안을 마련하고는 있지만, 대부분 목회자 생활비보다는 미자립 교회 지원이라는 차원에서 이루어지고 있다. 초점이 목회자 생계가 아니라 교회의 사역, 주로 전도비 지원에 맞춰져 있는 것이다. 작은 교회 목회자들은 오직 복음에 대한 소명으로 자신뿐 아니라 가족들의 희생도 마다하지 않아야 한다는 것이 당연시되고 있으며 교단의 지원은 사역을 위해 이루어지고 있다. 교회 재정의 우선성이 목회자 생계유지보다는 교회의 사명 감당에 있음은 모두 익히 알고 인정하는 바이다. 그러나 생계유지조차 위협받는 작은 교회 목회자들의 문제도 더 이상 도외시하지 말고 그 대책을 마련해야 한다.

사실 교단별 미자립 교회 정책은 천차만별이다. 어떤 교단은 실태를 파악하고 관련 정책을 제시하면서 지방회/노회 또는 교회별로 지원 사례를 수집하는가 하면, 어떤 교단은 실태 파악조차 제대로 하지 않고 있다. 특히 미자립 교회 지원은 교단 총회보다는 개교회 차원에서 더 많이 진행되고 있다. 그런데 개교회 차원 지원은 목회자들의 친소 관계에 따라 이루어지는 경우가 많고 이에 따라 지원의 쏠림 현상도 나타난다. 따라서 교단 및 개교회 모두가 인정할 수 있는 보다 체계적인 목회자 생활 지원 및 관리 정책 수립과 집행이 필요하다.

한편, 교단 차원의 생계비 지원을 부정적으로 보는 입장도 있다. 영국 성공회나 독일의 루터교회와 같이 목회자 생활비를 지원해 주거나 목회자가 준공무원화되어 정부에서 월급을 받을 경우에는 목회에 대한 절박함이 사라져 매너리즘에 빠짐으로써 목회자가 게을러질 수 있음을 우려한다. 물론 그럴 가능성도 있다. 이것은 사회 복지 제도나 요즘 우리 사회에서 뜨거운 쟁점이 되고 있는 기본 소득 문제에서 나타나는 입장 차이와 유사하다. 인간으로서 최소한의 삶을 유지할 수 있도록 국민 기초 생활 보장제를 통해 기초 생활 수급을 제공하는 것이나, 더 나아가서 기본 소득 제도를 통해 국민 모두에게 빈곤선 이상으로 살기에 충분한 월간 생계비를 조건 없이 지급하려는 움직임에 대해서도 다양한 반대 의견이 존재한다. 이 제도를 악용하는 사람들이 있고, 이런 제도 때문에 일할 의욕이 감소되고 사람들이 게을러질 수 있다는 것이다.

그러나 최소한의 삶을 영위할 수 있도록 안전장치를 마련해 주지 않고 마치 사지에 내몰 듯이 하면서 개인의 능력으로만 문제를 해결하라고 하는 것은 공동체적 원리에 어긋난다. 우리 사회를 약자에 대한 배려가 전혀 없는 능력과 성과 위주의 사회로 변질시켜 버릴 수 있다는 우려 또한 크다. 더욱이 성직자라고 표현되는 목회자들이 자신들의 열악한 환경을 극복하기 위한 방편으로 목회를 하게 하기보다는, 최소한의 삶을 보장해 준 후에 신성한 소명에 따라 사역을 감당하게 하는 것이 훨씬 바람직한 방법이다.

(2) 목회자 사례비 기준 마련

보다 근본적인 대책은 개교회 규모와 상관없이 목회자 사례비에 대한 기준과 원칙을 세우는 것이다. 앞에서도 살펴본 바와 같이 현재 대부분 개신교회 목회자 사례비는 표준화된 규정이나 기준 없이 개교회 형편에 따라 지급되고 있다. 그래서 교인 수가 1만 명 넘는 초대형 교회에서 담임 목회자 사례비가 연봉 7천만 원 정도인 경우가 있는가 하면, 교인 수가 5백 명이 되지 않는 중형 교회에서 담임 목회자 사례비가 연봉 2억 원인 경우가 존재하는 등 천차만별이다. 이처럼 교회 밖에서는 물론이고 소속 교인들조차 납득하기 어려운 상황이 벌어지고 있다.

사실 담임 목회자의 사례비를 어느 정도로 책정할 것인가 하는 것은 어려운 문제이다. 개교회마다 예산 규모가 다르기 때문에 획일적으로 정하기는 거의 불가능하다. 그러나 아무리 교회 규모가 크다고 하더라도 교인 수에 비례해서 목회자 사례비를 정하는 것은 종교 단체의 성격과는 어울리지 않는다. 신성한 교회 헌금을 세속적인 기준으로 집행하는 것은 매우 바람직하지 않다. 몇 년 전에 한 대형 교회에서 목회자 사례비 호봉을 전문대학 교원 수준에 맞추어 정한 것은 하나의 기준이 될 수 있다. 특히 이 교회에서는 주요 사역을 감당하는 목회자를 전임 목사로 세워 담임 목사와 같은 호봉 체계로 급여를 책정했는데, 담임 목사와 부목사의 급여 차이가 지나치게 큰 현실에서 참고할 만한 사례라 여겨진다. 또한 교역자뿐만 아니라 직원들도 똑같이 하나님의 일을 하는 직분이라고 여겨서 직원들의 급여도 같은 호봉 기준으로 책정한 교회도 있다. 이러한 기준을 모든 교회에 적용하기는 어렵겠으나 어떤 것이 신앙 공동체로서의 교회에 적합한 기준이고 방식인지 교회들마다 고민해 봐야 한다.

미국에서는 많은 교회들이 담임 목사의 봉급을 결정할 때, 대략 세 가지 방식을 동원한다고 한다. 첫째로 주변에 위치한 학교 교사들의 봉급을 참고하거나 주변 고등학교 교장의 봉급과 동일하게 하는 경우들이 있다. 둘째로 주변 교회 담임 목사의 봉급과 비슷한 액수로 결정한다. 셋째로 교회 성도들의 평균 소득을 산정하여 그것을 기준으로 삼는다.[44] 앞에서 살펴본 '한목협' 조사 결과에 따르면, 담임 목회자 사례비를 교인들의 평균 소득에 맞추는 것이 바람직하다고 응답한 목회자들이 가장 많았다.

또한 소형 교단이기는 하지만 한국 구세군에서는 사관(일반 교회의 목회자에 해당함)의 생활비를 규정에 명시하여 모든 사관들에게 동일한 기준으로 사례비를 지급한다. 한국 구세군의 사관 생활비는 국제 본

---

44. 그 외에 교회 크기와 헌금 총액이 목사의 봉급에 상당한 영향을 끼치고, 목사의 교육 정도도 영향을 끼친다. 석사 학위를 가진 목사들이 목사 평균 봉급보다 10-20퍼센트 더 많은 봉급을 받으며, 박사 학위 소유자들은 그보다 약 15퍼센트 더 받는다. 이에 대해서는, 황원선, "목회자의 적정 사례비에 대한 연구", 『장신논단』, 50권 3호 (2018년 9월호), 276-277쪽을 볼 것.

영의 사관 생활비 산정 지침에 따라 정한다. 모든 구세군 사관은 규정된 생활비 명세서에 따른 금액만을 수령하도록 하고, 사관 부부는 남녀 사관 각각의 기준으로 산정된 생활비를 각각 수령하는 것을 원칙으로 한다. 또한 은퇴 사관은 현역 사관 대비 60% 지급 비율(장기근속 수당, 자녀 수당은 100%)로 수령한다. 기본 수당은 사역 기간에 따라 최하 820,000원에서 1,035,250원까지로 정해 놓았고, 근속 연수에 따라 장기근속 수당을 정해 놓고 있다. 그리고 자녀 나이에 따라 자녀 수당이 있다. 사관 보조금도 항목별로 규정에 따라 지급하고 있다. 이러한 사례를 바탕으로 다른 교단들도 목회자 적정 사례비 기준을 마련할 필요가 있다.

교단 차원의 생활 보조금이나 일관성 있는 사례비 기준을 정해서 그대로 지급하자면 현실적으로 적지 않은 재원을 마련하는 것이 큰 과제이다. 쉽지 않은 일이지만, 기장 교단의 사례와 같이 자립 교회의 경우에 일정 규모의 상회비 부담을 의무적으로 지게 해서 미자립 교회 목회자들이 최소한의 인간적인 삶을 영위할 수 있도록 제도화할 필요가 있다.

3) 사회에서도 존경받는 목회자: 목회자 수급 조절과 수준 제고

(1) 신학교 구조 조정 및 정원 현실화

앞에서 살펴본 바와 같이, 목회자 생활비 지원의 현실적인 문제는 지원 대상 목회자가 지속적으로 늘어날 경우 그 재정을 감당할 수 없다는 것이다. 따라서 교회 수를 조절하는 것이 관건이다. 전국에 있는 개신교 교회 수는 대략 6만 개에서 8만 개 사이로 추정된다. 몇 년 전에 문화체육관광부에서 조사한 자료에서 개신교 교회 수가 8만 개로 추산된 적이 있는데 하루에도 수십 개 교회가 세워지고 또 없어지기 때문에 그 수를 정확하게 집계하기는 어렵다. 또한 통계청의 2015년 전국 사업체 조사에서 한국의 개신교 단체(교회 및 선교 단체, 기도원 등 기독교 유관 기관) 수가 5만 5767개로 집계되었는데 2018년 한국학중앙연구원 조사에서 교단이 자체 집계한 수는 8만 3883개로 보고되었다. 그런데 이 조사에서 전체 교인 수가 20%가량 과장된 것을 감안하면 실제 교회 수는 7만 개 정도로 추정하는 것이 합리적일 것이다.

이것은 전국 사찰 수가 27,000개인 것에 비하면 3배 가까이 되는 수이고, 전국 성당 수가 1,700여 개인 것과는 비교가 되지 않을 만큼 많다. 가톨릭은 중앙 집권 방식의 교구제로 운영되기 때문에 개신교와 단순히 비교하기는 어렵다. 하지만 2015년 인구센서스에서 신자 수가 급감한 것으로 나오기 전까지 5백만 명의 신자 수를 보유하고 있었던 가톨릭의 성당 수가 1,700개 정도인데, 신자 수가 2-3배 정도 되는 개신교의 교회 수가 성당 수보다 40배 이상 많다는 것은 비교 자체가 무의미할 정도이다. 또한 2015년 인구센서스 결과 이전까지 신자 수에서 우리나라 1위 종교였던 불교의 사찰 수보다 교회가 2배 이상 많다는 것은 교회 수가 얼마나 많은지 생각하게 한다.

얼마 전에 어느 방송국의 유명 앵커가 말하기를, 편의점 수가 25,000개인데 전국의 교회 수가 이보다 3배 정도 많다고 해서 화제가 되기도 했다. 실제로 단일 업종 중에 교회만큼 개체 수가 많은 곳은 거의 없다. 직장인들이 은퇴한 후에 창업에 뛰어들면서 사회 문제가 될 정도로 많이 생긴 치킨 집은 3만여 개이고 최근 크게 늘어난 커피 전문점도 이와 비슷한 수준이다. 전국의 분식집, 병의원, 음식점 수도 각각 5만 개 안팎이다. 몇 년 전에 외국의 유명 사진작가가 서울 밤 풍경으로 교회 빨간 십자가가 수십 개 빛나는 것을 찍은 것이 화제가 되기도 했다. 이렇게 보면 우리나라에 교회 수가 지나치게 많다는 지적을 피하기는 어렵다.

1,000만 명에 가까운 개신교 신자를 7만 개 교회로 나누면 단순 계산으로 한 교회당 150명이 채 되지 않는다. 전국의 모든 교회에 신자 수를 동일하게 배분한다면 각 교회의 형편은 겨우 재정 자립 수준을 넘는 형편이다. 그러나 현실에서는 5% 정도의 대형 교회들에 많은 신자들이 몰려 있고, 절반이 넘는 소형 교회와 미자립 교회들은 재정적으로 어려움에 처해 있다. 따라서 15만 명으로 추산되는 목회자 중 절반가량이 생계조차 유지하기 힘든 상황에 처하게 되는 것이다. 또한 이렇게 많은 교회들이 사실상 경쟁 관계에 있기 때문에 개신교에 대한 이미지도 하락하게 되고 결과적으로 선교에도 부정적인 영향을 끼치고 있는 것이 현실이다. 따라서 교회 수를 조절하는 것이 시급한 과제이다.

현실적으로 교회 설립을 제한하기는 어려우므로 교회 수를 조절하기 위해서는 먼저 목회자의 공급 과잉을 막아야 한다. 이를 위해서는 목회자를 배출하는 신학교를 구조 조정하고 정원을 조정해야 한다. 한국 개신교는 1970년대 이후 급성장했고 그에 따라 개신교 지도자 양성을 위한 신학교들도 급속하게 증가했다. 신학교를 신학 교육을 하는 기관이라고 본다면 이 안에는 다양한 형태의 신학교들이 존재한다. 먼저 교육부로터 인가를 받은 신학교와 인가를 받지 않은 (또는 받지 못한) 신학교들이 있으며, 신학 교육만을 하는 신학대학교와 신학대학교로 출발해서 현재도 이름은 신학대학교지만 종합대학교로 발전한 경우가 있고, 애초부터 종합대학교 안에 단과대학으로 신학대학을 두는 경우도 있다. 또한 1997년에 학부 없이 전문인 양성을 위한 전문대학원으로 대학원대학교 제도가 마련된 이래, 신학대학원대학교가 20개 이상 설립되었다. 또한 신학교라고 하면 대개 목회자 양성 기관이라고 생각하지만 실제로는 목사 안수를 위한 목회학 석사 과정 없이 신학 교육만을 제공하는 신학교도 여럿 있다. 이렇게 많은 신학교에서 매년 수천 명의 목회자들이 배출되고 수백 명의 목회자들이 과잉 공급되는 상황이 벌어지고 있다.

신학교 현황과 관련해서 또 한 가지 중요한 사실은 수도권과 지방 신학교의 격차가 지나치게 심하다는 것이다. 신학교는 서울에만 전체의 60% 정도가 있고 경기도를 포함하면 3분의 2가 수도권에 밀집해 있다. 이런 상황에서 지방 신학교 출신 사역자들에 대한 차별이 문제가 되고 있다. 교회에 이력서를 넣어도 지방 신학대학 출신이라는 이유로 거부당하기 일쑤여서 대부분의 지방 신학교 출신 교역자들이 차별을 경험하고 있다. 이러한 문제는 목회자들의 차별적인 인식 때문이기도 한데, 신학대학이 위치한 지방에서조차 그 신학대학을 차별한다고 한다. 지방 신학교에서도 꾸준하게 신학생들을 배출해 왔는데, 이들을 수용할 수 있는 교회의 수는 한정되어 있다 보니 지방 신학교를 졸업한 신학생들은 수도권 신학교 출신 신학생들보다 훨씬 더 사역지를 찾기가 어렵고 목회자 처우에서도 상대적으로 불리할 수밖에 없다.

최근에는 이전과 달리 신학교 지원자가 줄어드는 추세이다. 교회 성장이 어렵고 목회자에 대한 대우가 좋지 않으며 목회자에 대한 이미지도 좋지 않은 것이 그 이유일 것이다. 몇 년 전까지만 해도 대형 교단의 주요 신학교에는 지원자가 몰렸고, 신대원 과정에 입학하려면 재수는 말할 것도 없고 3수, 4수가 기본으로 여겨질 정도였으나 지금은 정원을 채우는 것도 버거울 정도이다. 일부 교단의 경우 서울에 있는 캠퍼스조차 정원 미달인 상황이 벌어지고 있다. 이렇게 되자 지방 신학교들은 존립 자체가 위태로워지고 있다. 서울이나 수도권에 있는 신학교들은 경쟁이 심하기 때문에 지방 거주자들은 지방 신학교에 진학하는 경우가 많았는데, 서울과 수도권 신학교의 경쟁률이 약해지자 지방 거주자들도 서울과 수도권 신학교에 지원하는 경우가 대폭 늘어 지방 신학교들의 미달 사태가 벌어지고 있는 것이다. 차제에 같은 교단 안에 여러 개 신학교가 있어서 중복 교육이 이루어지고 있다면, 과감하게 통폐합을 하는 등 구조 조정을 할 필요가 있다.

신학교 정원 조정이 필요한 또 한 가지 이유는 최근 우리 사회의 출산율 급감으로 청년 인구가 줄어들고 대학 지원자 자체가 감소했기 때문이다. 2019년에 발표한 통계청의 '장래 인구 특별 추계를 반영한 세계와 한국의 인구 현황 및 전망'을 보면, 우리나라는 2029년부터 인구 감소가 시작될 것이라던 이전 예측보다 10년이나 앞당겨져서 2019년부터 인구 감소가 시작되었고 수년 후에는 적정 인구를 밑도는 상황이 될 것으로 예측됐다. 이러한 영향으로 청년 이하의 젊은 인구가 급감해서 2020년이면 대입 경쟁의 많은 부분이 사라질 것으로 예상된다. 5년 전만 해도 대학 정원보다 지원자가 훨씬 많았지만, 2020년을 기점으로 이 숫자가 역전된다. 교육부에 따르면, 고졸자 중 대학 진학 희망자와 재수생 등을 고려한 입학 자원 수는 2020년에 47만 명으로 추산된다. 2020년 대학 모집 정원인 48만 5318명에 못 미치는 숫자이다. 요즘과 같이 대학 지원자 자체가 줄어들고 목회자에 대한 이미지가 좋지 않고 교회 성장이 멈춘 시기에, 신학교 지원자는 더욱 줄어들게 될 것이다. 따라서 신학교의 부실 교육을 정상화하고 목회자 공급 과잉을 해소하기 위해서는 신학교 정원을 조정하고 구조 조정을 단행해야 한다.

목회자 공급 과잉 현상이 벌어지는 중요한 이유는 신학교가 교단과 교회의 상황과 필요에 관심을 갖기보다 신학교 운영을 위한 재정적 필요에 초점을 두기 때문이다. 신학교 운영이 경제 논리에 내맡겨진 것이다. 그러나 이제는 미래를 보다 정확하게 예측하고 그에 맞춰 합리적인 수급 정책을 수립해야 할 때이다. 이를 위해 일차적으로는 각 교단 총회에서 목회자 수급을 조절하고 신학교 정원을 결정해야 한다. 총회의 신학 위원회가 이를 담당하거나 아니면 이를 위한 별도의 위원회를 두어 장기적인 목사 수급 계획을 세울 필요가 있다. 객관적인 근거와 구체적인 자료들 곧 은퇴 목사 수, 자연 사망률, 중도 탈락률, 교회 증가율 등을 감안하여 신학교 입학생 수를 종합적으로 예측하여 결정하고 목사 안수자를 조정하도록 하는 것이다. 그러나 여기에는 교단주의가 작용할 수 있으므로 초교파적인 기구를 설립하여 신학 교육의 방향과 목회자 수급 문제 및 분배 과정을 진단하고 연구하도록 하는 것도 좋은 방법이다.

(2) 목회자 수준 제고

한국 교회에서 목회자에 대한 신뢰가 떨어지는 이유 중 하나는 목회자의 자질과 수준에 대한 불만 때문이다. 사람들은 목회자를 성직자이자 영적 지도자라고 인정하지만 실제로 그에 합당한 자질을 갖춘 목회자들은 그리 많지 않다고 생각한다. 사실 종교 개혁 정신에 따른다면, 다 같은 하나님의 백성 중에는 신학 교육을 받아 목회자로서 전문성을 갖춘 사람도 있고, 교회가 아닌 일반 사회 영역에서 하나님의 영광을 드러내기 위해 애쓰며 살아가는 사람들도 있는 것이지, 성직자와 평신도로 구분해서 신분상의 차이가 있는 것처럼 생각하는 것은 적절하지 않다. 그럼에도 불구하고 한국 교회에서는 목회자를 구약 시대 제사장과 같은 특별한 신분으로 생각하고 지나치게 떠받드는 경향이 있고, 목회자 역시 자신을 특권층으로 생각하며 교인들 위에 군림하는 경우가 적지 않다. 이것이 한국 교회 안에서 왜곡된 구조와 질서를 만들어 내고 여기에 개인적인 자질 부족까지 더해져서 심각한 문제를 일으키고 있다.

이러한 문제의 원인으로는 우선 개인적인 측면에서, 충분한 검증을 거치지 않고 목회자를 지망하는 사람들이 많다는 것을 생각해 볼 수 있다. 한국 교회 풍토에서는 여전히 "하나님의 은혜를 경험하면 신학교에 가야 한다."라는 의식이 널리 퍼져 있다. 신학교에 가서 목사가 되는 것이 하나님께 영광을 가장 크게 돌리는 일이라고 생각하는 것이다. 모든 생활 영역을 하나님의 영광을 드러낼 거룩한 삶의 무대라고 여기는 종교 개혁의 전통을 따르기보다, 교회 안에서의 삶이 가장 거룩한 삶이고 직장 생활은 생계를 위해 어쩔 수 없이 감수해야 하는 세속적인 활동이라는 이원론에 젖어 있다. 이러한 인식 아래 이른바 성령으로 충만해서 가슴이 뜨거워지면 무조건 신학교에 지원하려고 하는 젊은이들이 끊이지 않고, 심지어 사회 활동을 하다 지치거나 실패하면 하나님이 신학교로 인도하시려고 자신을 코너로 몰아넣었다고 간증을 하면서 목사가 되는 경우도 적지 않다. 신학교가 일종의 도피처가 되는 것이다. 그러므로 목회자가 되려는 사람은 내적 소명을 확실히 점검해야 하며 지나친 이원론적 사고를 극복해야 한다.

이와 같이 지극히 주관적인 소명의식이 목회를 하기 위한 자격의 전부라고 생각할 정도이니, 신학생들은 하나님의 소명을 받아 신학교에 들어왔다면 실력은 중요하지 않다는 생각을 하기도 한다. 그러나 목회자가 될 사람은 총체적 인격에 대해 점검을 받아야 한다. 목회자의 자격은 단순히 신학 지식의 습득이나 신앙 훈련으로 갖춰지는 것이 아니다. 신학생은 사물을 정상적으로 인식하고 객관적으로 판단할 수 있는 지적 능력과 목회자로서의 인성을 갖추어야 한다. 아울러 문학과 철학과 역사에 대한 식견도 있어야 한다. 과거에는 신학학부에서 다양한 인문학 교육을 했으나 최근에는 인문학에 대한 관심과 교육이 매우 부족한 형편이다.

인문학은 모든 학문의 기초가 되는 학문임에도 이른바 신본주의가 아니라 인본주의 사상이라는 잘못된 인식으로 신학생들이 인문학 공부를 멀리하는 경우가 있다. 그러나 이는 매우 우려스러운 상황이다. 특히 기독교 인문학에 기초해서 학문의 기초를 충분히 쌓지 못한 목회자들이 균형 잡힌 통찰력을 갖지 못해서 여러 가지 문제를 일으키기도 한다.[45] 오늘날과 같이 세계화되고 다원화된 상황에서는 그에 적실한 신학 교육 과정을 구성해야 하고, 특히 우리 사회와 같은 다종교 상황에서는 다양한 종교와 문화에 대한 교육이 절대적으로 필요하다. 이런 교육을 바탕으로 목회자는 올바른 목회관을 세워야 한다.

또한 개교회 목회자들이 신앙생활을 열심히 하는 평신도들을 너무 쉽게 신학교에 보내는 것도 문제이다. 목회자의 권유를 받아 신학교에 입학하는 사람들이 많이 있다. 단순히 신학 공부를 하고 싶어서 왔다가 자연스럽게 신학교에서 학위를 받아 교역자가 되는 경우도 많다. 애초에 교역자가 되려고 온 것은 아니지만 졸업할 때쯤 되면 자연스럽게 교역자가 되어 있다. 신학 교육을 받게 되면 전도사 호칭이 붙게 되고, 교회에서도 전도사 대우를 하기 때문이다. 따라서 신학교에 갈 때에는 신학 교육만을 받으려는 것인지 목사 안수까지 받으려는 것인지, 자신의 목적을 분명히 해야 한다. 신학교에서도 신학 교육 과정과 목회자 양성 과정을 별개로 만들 필요가 있다. 최근에는 교회에서 받지 못하는 전문적인 신학 교육을 받기 원하는 평신도들이 증가하는 추세이므로 목사 안수를 전제로 하지 않는 비목회자 신

---

45. 정일웅, "한국 장로교회 목회자 양성 원리와 신학 교육 과정 개선에 관한 연구", 『장로교회와 신학』, 제7권, 128쪽.

학 교육 과정을 늘릴 필요가 있다.

그다음으로, 목회자의 수준을 떨어뜨리는 주요 요인은 부실한 신학 교육이다. 앞에서 살펴본 바와 같이, 전국의 다양한 신학교에서 매년 7천 명 이상의 신학생들이 배출되는 것으로 추정된다. 그중 학력 인정 학교에서 배출되는 졸업생은 2천 명이 채 안 되는 것으로 보면, 한국 교회의 목회자 가운데 무려 70% 이상이 무인가 신학교를 통해서 배출되고 있다는 말이 된다. 이렇다 보니 자연히 목회자의 자질 논란이 끊임없이 발생하고 있다. 비인가 신학교나 군소 신학교라고 해서 모두 경영이나 교육이 부실하다고 단정할 수는 없지만, 교육부의 감독에서 벗어나 있고 재정이 어렵다 보면 체계적인 교육 과정을 제공하거나 공신력 있는 학교 운영이 안 될 개연성이 많은 것이 사실이다. 특히 교단별 직영 신학교에서 정규 과정을 이수하지 않고 통신 과정으로 대충 교육을 받거나 편법 과정을 통해 목회자가 되는 경우가 많아서 목회자의 자질 문제가 발생하고 있다.

게다가 최근에는 우후죽순으로 늘어난 사이버 신학교들이 신학 교육에 목마른 만학도와 직장인들을 대상으로 부실한 교육을 하거나 장삿속 운영을 해서 큰 물의를 일으키기도 했다. 공식 인가 기관으로부터 검증받지 않은 미국 대학에서 박사 학위를 받은 사람들을 교수로 임용하고 그 대학과 공동 학위 제도를 운영하며 심지어 목사 안수까지 주고 있어서 사이버 신학교가 미인가 목사 양성소로 전락한 경우도 있다. 이러한 사이버 신학교들은 제대로 된 커리큘럼과 교재도 없이 설교 동영상만 틀어 주는가 하면 6개월 만에 목사 안수를 받게 해 준다는 황당한 제안을 하기도 한다.

신학 교육의 또 다른 문제는 교단 분열로 인한 군소 신학교 난립이다. 한국 교회 교단이 분열한 결과로 수많은 군소 교단들이 생겨났고, 이 교단들은 1교단 1신학교 원칙에 따라 각기 목회자 양성 교육 기관을 설립했다. 한국 장로교회는 교단 분열이 심해서 100여 개 이상의 교파가 존재하는데, 이와 같이 교단이 분열되면 상대방을 의식하고 교세 확장을 위해 경쟁하게 된다. 교세 확장을 위해 신학교를 확대하려고 하고 그 신학교는 학생들을 많이 뽑기 위해 선발 기준을 낮추게 마련이다. 이렇게 교단이 나뉘면서 필연적으로 교단 신학교들이 생기기도 하고, 몇몇 목사들이나 기존 신학교에서 교수 자리를 얻지 못한 학위 소지자들이 의기투합해서 쉽게 신학교 간판을 걸고 학생들을 모집하기도 한다. 이런 상황들이 군소 신학교 난립의 일부 요인이 되고 있다. 교단 분열은 지나친 교파주의를 조장하고 편향된 신학 교육을 하는 문제도 발생시킬 뿐만 아니라 군소 신학교들은 학생 유치를 위한 과당 경쟁으로 인해 목회자 안수를 남발하는 경우가 많아서 신학교 및 목사 후보생들의 질 저하 현상을 부채질하고 있다.

그러나 목회자 과잉 배출은 비단 군소 신학교만의 문제가 아니다. 교육부 인가를 받은 각 교단 신학교나 신학대학원들도 교세 확장이나 교세 과시를 위해 무계획적으로 입학생을 선발하는 관행에서 벗어나지 못하고 있으며 심지어 노회에서 편법으로 목사 안수를 주기도 한다.[46] 서울의 한 대형 교회에서 담임 목사 청빙 공고를 냈는데

---

46. 황성철, "목회자 수급의 문제점과 그 바람직한 해결 방안: 대한예수교장로회 합동 교단", 『신학지남』, 제68권 4호(2001년), 237-241쪽.

수십 명 지원자들의 목회 계획서가 토씨를 빼고는 거의 똑같았다고 한다. 이런 웃지 못할 상황이 벌어지고 있는 것도 부실 신학교와 부실 교육의 결과라고 할 수 있다. 이렇게 자질이 부족한 목회자라면 이들에게 신성한 교회 헌금으로 많은 사례비를 주는 것은 합당하지 않을 것이다.

신학교에 대한 신뢰도를 높이기 위해서는 신학교 협의회가 신학교를 실사하고 인증해 주는 제도를 도입할 필요가 있다. 미국 신학교들의 경우, 정부 기관에서 인가 여부를 결정하지 않고 자체적으로 미국신학교협의회(ATS : Association Theological Schools)를 구성하고 여기에 가입한 학교들이 공신력을 가지고 신학 교육을 하고 있다는 점을 참고할 필요가 있다. 이러한 신학교 협의회의 인증 절차를 통해 체계적이고 신뢰할 수 있는 교육이 보장되지 않는 비인가 신학교는 정리되도록 유도할 수 있다.

체계적으로 신학 교육을 하고 안정적으로 성직자를 배출하고 있는 가톨릭의 사례도 참고할 만하다. 현실적으로는 신부 수가 부족하지만, 양보다는 질적 수준을 중시하며 철저하게 교육한다는 원칙을 고수하고 있기 때문에 성직자 문제가 불거지는 경우가 많지 않고 사회 신뢰도도 높은 수준을 유지하며 양적으로도 성장하고 있기 때문이다. 실제로 개신교 전통 안에서도 목사 후보생을 엄선했던 경험이 있으므로[47] 이를 바탕으로 올바르고 체계적인 신학 교육을 함으로써

---

47. 1536년의 "제1 스위스 신앙고백서" 제17조에는 교회 사역자를 신중하게 선임할 것을 말하고 있고, 한국 초대 장로교 선교사 레이놀즈와 스왈론도 목사 후보생을 엄선해야 할 것을 주장했다. 김영재, "신학 교육과 목자 수급", 『장로교회와 신

한국 교회가 신뢰받는 종교로서 선교 사명을 잘 감당할 수 있게 해야 한다. 이렇게 해서 목회자의 자질을 높이고 목회자 수급을 조절하는 것이 교회 수를 적절하게 조절하고 목회자의 생활도 보장하는 방법이 될 것이다.

4) 진정한 의미의 '지역 교회'가 되려면: 신중한 교회 개척

(1) 신중하고 철저한 개척 준비

무분별한 교회 개척도 방지할 필요가 있다. 교회 성장기에는 교회를 실립하면 어렵지 않게 양적 성장이 이루어졌고 목회자 생활도 비교적 여유로웠다. 그러나 교회 성장이 멈춘 오늘날에는 사정이 전혀 다르다. 개척해서 1년 안에 문을 닫는 교회가 수천 개에 이른다고 하고 규모 있는 교회 중에서도 무리하게 사역을 확장하거나 교회당을 신축하다가 부도를 맞는 경우가 적지 않다. 이러한 상황에서 교회 개척은 매우 신중하게 준비해서 이루어져야 한다. 현실적으로 40대 이후에 부교역자 사역을 계속하기는 어렵고 50세가 되기 전에 교회 개척을 해야 한다는 부담을 가지고 있는 목회자들이 적지 않지만, 개척을 하는 것만이 목회를 지속할 수 있는 유일한 방법이 아니라는 사실을 인식해야 한다. 이에 대해서는 다음 절에서 자세하게 다루도록 하겠다.

교회 개척을 할 경우에는 매우 신중하고 철저하게 준비해야 한

학』, 제7권, 168-169쪽.

다. 우리나라 교회 개척은 주로 도시를 중심으로 이루어졌고 최근에는 신도시에 교회 개척이 집중되어 왔다. 신도시는 좁은 공간에 인구가 밀집돼 있어서 교회 성장의 측면에서 기회의 땅이라고 할 수 있다. 실제로 최근 20-30년 사이에 급성장한 교회들은 대부분 신도시의 교회들이다. 그래서 교회를 개척하려는 목회자들은 제일 먼저 신도시 개발 정보를 수집할 정도이다. 그러나 그 결과로 신도시마다 교회가 난립하게 되고, 원하지 않더라도 서로 경쟁하는 상황에 처할 수밖에 없다. 게다가 대부분 영세하기 때문에 열악한 환경을 극복하지 못해 교회 건물이나 예배 처소가 부동산에 매물로 줄줄이 나와 기독교 전체에 대한 신뢰도가 저하되는 등 의도하지 않은 부정적인 결과를 낳고 있는 것이 현실이다. 실제로, 몇 년 전에 감리교 선교국이 내놓은 자료에 의하면, 10년 동안 감리교 서울 연회에서 개척한 교회들 중 41%가 담임 목사의 사임과 재정 문제 등으로 폐쇄된 것으로 나타났고, 그나마 운영되는 교회도 절반 이상이 미자립 상태를 벗어나지 못하고 있는 것으로 조사됐다.

교회를 개척하기 위해서는 무엇보다도 지역에 대한 이해가 전제되어야 한다. 교회를 개척할 때 대부분의 목회자들은 지역에 대한 이해 없이 주로 재정 형편에 따라 위치를 정하는 경우가 많다. 그래서 때로는 거주자가 별로 없는 공단 지역에 개척하기도 하고 심지어는 절이나 다른 종교 기관 바로 옆에 개척을 했다가 황급히 이전하는 경우도 있다. 이러한 위험 요소를 줄이고 의미 있는 목회를 하기 위해서는 반드시 지역 조사를 실시해야 한다.

첫째로, 자연 환경을 조사해야 한다. 지역 사회의 역사, 지리적 위치와 지형, 지역적 특성을 조사하는 것은 지역 조사의 기본이다. 특히 지역민들이 살아온 내력이나 삶의 이야기를 듣는 것은 지역민들의 정체성을 파악하는 데 매우 중요하다. 특히 도시라고 해서 획일적으로 같은 성질을 갖는 것은 아니기 때문에 우선 그 지역마다의 독특한 특성을 이해해야 한다. 도시 지역은 대체로 다음과 같은 몇 개의 지역으로 나눌 수 있다. 첫째는 도심 지역으로, 번화가가 있고 상가와 문화 시설이 위치한 지역이다. 둘째는 쇠퇴하는 서민 주거 지역으로, 오래된 주택들이 있고 지역 개발에서 소외된 서민들이 주로 거주하는 지역이다. 셋째는 중산층 주택 지역으로, 대체로 생활에 여유 있는 계층의 사람들이 안정된 삶을 영위하는 지역이다. 넷째는 신흥 도시 지역으로, 도심에서 멀리 떨어져 있으면서 신시가지로 조성되어 주택과 아파트가 새로 들어서는 지역이다. 다음으로는 이러한 구분이 뚜렷하지 않은 중소 도시 지역과 도시화된 농촌 지역이 있다.[48]

둘째로, 인구·거주지·사회 구조를 조사해야 한다. 이는 지역 사회의 성별, 연령별, 출신지별, 계층별 인구 구성과 더불어, 인구 이동과 인구 밀도 사항, 그리고 거주민들의 거주 이유 등을 조사하는 것이다. 그 지역에 거주하는 사람들의 인구학적 특성을 파악함으로써 전도하고 목회할 대상이 어떤 사람인지 파악해야 한다. 여기서 거주민들의 거주 이유를 조사하는 이유는 이른바 토박이가 많은지, 아니면 뜨내기들이 많은지를 조사함으로써 지역민들의 특성을 파악할 수

---

48. 이에 대해서는 정병관, 『(복음 혁명을 주도하는) 도시 교회 성장학』(서울: 총신대학교출판부, 2009)을 볼 것.

있고, 공단이나 대기업 시설이 있는지를 조사함으로써 지역민들의 유동성을 파악할 수 있기 때문이다. 지역민 유동성이 심하다면 교회가 지역민을 대상으로 장기간 교육이나 훈련 프로그램을 실시하기보다는 단기간에 집중해서 할 수 있는 프로그램을 채택하는 것이 적합하다. 최근에는 국내 거주 외국인들이 늘고 있기 때문에 이에 대한 정보도 파악할 필요가 있다.

셋째로, 향토 문화와 전통을 조사해야 한다. 도시 지역의 경우에는 이 요소가 크게 중요하지 않을 수도 있으나, 지역에 따라서는 독특한 전통과 관습이 있을 수 있고 이것은 지역 사람들을 이해하는 데 매우 중요하기 때문이다. 특히 항구 도시 같은 경우에는 지역 특유의 생활 양식이나 미신이 깊이 자리 잡고 있는 경우가 있으므로 이에 대한 실태 조사가 필요하다.

넷째로, 산업과 경제생활을 조사해야 한다. 지역 산업 구조의 특성과 경제생활 수준을 조사함으로써 지역민들의 생활 수준을 파악할 수 있다. 생업에 바쁘고 맞벌이를 하는 사람들이 많은지, 비교적 여유 있고 여가를 즐기는 사람들이 많은지에 따라서 교회는 사람들과 접촉하는 방법을 달리해야 한다.

다섯째로, 주민들의 생활 및 의식을 조사해야 한다. 이는 이웃 관계, 가치관과 도덕규범, 지역에 대한 소속감이나 공동체 의식, 사회의식 등을 조사하는 것이다. 최근에는 도심 재개발이나 뉴타운 개발, 그리고 신시가지 조성으로 인해 한 지역 안에서 이해관계에 따라 갈등이 발생하기도 하고 피해 의식 등으로 인해 지역 분위기가 좋지 않은 경우들이 있고 이것이 목회에 영향을 줄 수 있으므로 이를 고려해야 한다.

마지막으로, 사회단체와 공공시설과 행정 기구를 조사해야 한다. 지역 사회에 어떠한 행정 기구, 공공시설, 사회단체, 복지 시설이 있는지, 이들이 어느 정도의 기능을 수행하고 있는지를 조사하는 것이다. 이 조사는 교회가 지역 활동을 하기 위해 미리 해 두어야 할 작업이다. 또한 협력하거나 연계 활동을 할 수 있는 교회나 다른 종교 시설이 있는지를 파악하는 것도 중요한 과정이다.

교회를 개척하기 위해 이러한 조사를 완벽하게 수행할 필요는 없겠지만 그래도 기초적인 조사라도 수행한 후에 개척할 지역을 정해야 할 것이다. 그 지역이 일반적인 주택가일 수도 있고, 특정 부류의 사람들이 자주 모이는 특화된 지역일 수도 있다. 특히 서울이나 대부분의 광역시에는, 젊은이들이 주로 모이는 지역이나 외국인들이 다수 거주하는 지역 등 특성화된 지역이 있으므로 이러한 지역을 전략적으로 선택하여 개척할 수도 있을 것이다.[49] 아무 준비 없이 교회 개척을 해 놓고 나서 하나님께서 다 책임져 주실 거라고 믿는 것은 참된 신앙이 아니다. 대부분 거룩한 헌금으로 이루어진 개척 자금을 허투루 쓰지 않고, 지역의 필요를 채워 주며 지역 사회와 함께 호흡하는 진정한 의미의 '지역 교회'가 되기 위해서는 철저한 준비가 필요하다.

---

49. 이러한 방법 외에 지역 조사와 주민 이해 방법을 알기 위해서는, 명성훈, 『교회 개척의 원리와 전략』(서울: 국민일보사, 1997), 8장을 참고할 것.

(2) 다양한 교회 개척 사례

교회를 개척하는 과정에서 가장 어려운 문제는 재정 및 인적 자원이 부족한 것이다. 모교회로부터 분립 개척하면서 전폭적인 재정 지원을 받는 경우가 아니라면 대부분 교회 개척 목회자들은 재정이 넉넉하지 않다. 특히 도시 지역의 경우에는 임대료가 비싸기 때문에 개척 교회들은 자가 건물을 가지고 있지 않으면 1년 내내 재정 압박에 시달리게 된다. 이러한 문제를 획기적으로 해결할 수 있는 방법은 없으나, 최근 일부에서 시도하고 있는 것처럼 건물을 임대하는 대신에 예배나 집회 때마다 장소를 빌리는 것도 좋은 방법이라 여겨진다.

어느 정도 규모가 되는 교회들이 학교 강당을 빌려서 예배를 드리는 경우가 있는데, 규모가 작은 개척 교회라도 관공서나 복지관, 사회단체 시설에서 예배나 사역 공간을 구할 수 있다. 최근에는 라이브 공연장을 빌려 문화 목회를 하는 교회도 등장했고 연극 무대에서 예배를 드리는 교회도 있는데, 이는 참고할 만한 사례이다. 이러한 시설을 효과적으로 이용하면 건물 유지비를 줄임으로써 교회의 본래 사명에 더 많은 재정을 사용할 수 있을 것이다. 그리고 교인들 사이의 교제나 성경 공부는 다양한 장소에서 언제라도 소그룹으로 할 수 있기 때문에 교회 자체 건물이 없다고 해서 목회가 약화될 우려는 하지 않아도 될 것이다. 항상 같은 장소에서 정형화된 모임을 하는 것보다 다양한 장소에서 다양한 형태의 모임을 시도하는 것이 오히려 도시 젊은이들의 눈높이에 맞춘 목회가 될 수도 있다.

또 한 가지 방법은 두 명 이상의 목회자가 공동으로 교회를 개척하는 것이다. 여러 번 언급했듯이, 현재는 목회자 수에 비해서 교회 수가 턱없이 부족하여 무임 목회자가 증가하고 있다. 공동으로 교회를 개척하면 이러한 현실의 문제를 극복하면서도 은사에 따라 전문화된 팀 목회를 할 수 있다. 또한 재정도 분담할 수 있고, 전도를 하거나 최소한의 교인 수를 확보하는 데에도 도움이 될 것이다. 공동 목회는 교계에서 몇 번 시도된 적이 있지만 아직까지 안정적으로 정착된 경우는 별로 없다. 그래도 이는 교회 공동체성에도 적합한 모델이므로 매우 긍정적으로 검토할 만한 방안이라 여겨진다.

마지막으로 제시하고 싶은 방법은, 앞에서 살펴본 바와 같이 제도 교회가 약화되고 가나안 성도가 급증하고 있는 상황에 맞춰서 새롭고 대안적인 목회를 기획해 보는 것이다. 2019년 5월에 실천신학대학원대학교에서는 '하나님 나라 목회 박람회 및 국제 컨퍼런스'가 열렸다. 주강사였던 미국 에모리대학교 토마스 롱 교수는 한국 교회가 성장을 멈추고 위기를 맞은 것에 대해 언급하면서, 미국도 마찬가지 상황에 처해 있으며 지금은 하나님께서 기존 교회가 갖고 있는 것들을 무너뜨리시고 새로운 것을 세우시려는 시기로 본다고 말한 바 있다. 그는 미국은 대체로 교회가 빠르게 문을 닫는 현상이 두드러지고, 젊은 층은 줄어들고 교인의 연령대가 급속히 노령화되고 있으며, 교회 규모와 재정이 점점 축소되어 가고 있다고 말하면서도 현재 미국 교회는 죽어 가는 것이 아니라 변화되고 있다고 주장했다. 미국 곳곳에서 일어나는 변화들을 주목해 볼 필요가 있다면서, 기존의 예배당이 아니라 아파트 주거 공간에서 교회 성경 공부 모임을 갖는다든지, 술집과 같은 바(bar)에서 예배를 드리는 교회들을 예로 들었다. 기존의 전통적인 교회당의 틀에서 벗어나 획기적인 교회를 세우는 것이 이 시대의 필요에 어울리는 방법이 될 수도 있다.

전통적인 방식에서 탈피하여 보다 적극적으로 지역 운동에 참여하는 교회를 개척하는 것도 한 가지 방법이다. 요즘은 노방 전도와 같은 전통적인 방식으로는 사람들을 접촉하기가 쉽지 않고, 작은 교회의 경우 사람들이 찾아오기만 기다리는 데에도 한계가 있다. 이를 극복하기 위한 방법은 목회자가 직접 지역으로 들어가 사람들을 만나는 것이다. 그런데 이 방식은 복음 전도를 위해서가 아니라 지역 운동의 일환으로 사람들을 만나는 것을 의미한다. 현재 우리나라 대부분의 도시들은 공동체가 붕괴되었고 도시인들은 매우 삭막한 환경에서 살고 있다. 이러한 문제를 극복하기 위한 방법으로 다양한 형태의 지역 공동체 운동이 활성화되고 있는데, 이를 교회 개척의 방법으로 활용하는 것이다.

보기를 들면, 마을 도서관이나 지역 카페, 또는 사회적 기업이나 마을 기업을 통해 지역 공동체 운동을 전개하면서 교회 울타리 밖에 있는 사람들을 적극적으로 만나고 이들과 인격적인 관계를 형성하면서 자연스럽게 복음을 전하는 것이다. 최근에 이러한 방식으로 교회를 개척하는 사례가 늘고 있으나 충분한 사전 준비나 정체성 확립 없이 분위기에 따라 시도하다가 시행착오를 경험하는 경우도 적지 않다. 따라서 이러한 방법을 시도하기 위해서는 경험 있는 사역자에게 도움을 얻고 공동체 구성원들이 충분히 토론하면서 준비한 후에 시행하는 것이 바람직하다. 이러한 사항들을 고려하여 교회 개척을 준비한다면 시행착오를 줄이고 목회자의 생활이 안정되는 데에도 도움이 될 것이다. 이와 관련해서는 다음 절에서 보다 자세하게 살펴보겠다.

5) 생계유지 수단인가, 교회 밖 목회인가?: 목회자의 이중직 현실화

(1) 이중직 필요성

오늘날 한국 교회는 목회 상황이 크게 변하고 있다. 무엇보다도 교회 성장이 멈춘 현 시점에서는 성장 이후기를 준비해야 한다. 우리 사회가 산업화에 박차를 가하며 경제 성장을 구가하던 시기에는 교회도 양적인 성장을 경험했다. 그러나 어느 정도 경제 성장을 이루고 더 이상 성장이 어려워진 요즘에는 사람들이 외부 활동보다는 자기 성찰과 명상에 관심을 갖게 되었고, 이제 교회도 양적인 성장보다는 질적인 성숙에 관심이 많아지고 있다. 교회에 대한 신뢰가 떨어진 사회에서는 말로 전도를 하는 것이 더 이상 효과가 없다. 그리스도인이 삶으로 본을 보이고 기독교의 참된 가치를 보여 주는 것이 요즘 교회에 요청되는 전도 방법이다. 앞에서 소개한 '한목협' 조사에서 목회자의 전도 경험이 16%p 하락한 것이 이를 방증한다. 마찬가지로 목회적 실천도 약화되었는데 5년 전에 비해, 설교 횟수와 상담 횟수, 그리고 선교사 파송 비율도 줄어들었다. 이것은 목회자의 성실성이 부족해졌다기보다는 기존의 목회 방식에 변화가 필요하다는 인식이 반영된 것이라고 해석된다.

이 조사에서 목회자의 바람직한 역할에 대해서도 '기독교 복음을 주변에 전파하는 것'(16.8%)이나 '영적 깨달음을 얻게 도와주는 것'(20.5%)보다 '정직, 도덕, 이웃 사랑의 언행일치 삶'이 42.8%로 가장 많이 나온 것이 이런 상황을 잘 보여 준다. 그러나 성도들의 신앙과 일상생활의 일치 정도에 대해서는 20%p 이상, 목회자 자신에 대해서는 30%p 가까이 하락한 것으로 조사되었다. 이러한 상황에서 교회가 해야 할 일은 그리스도의 사랑을 몸소 실천하는 것이다. 사회봉사와 관련해서, 교회가 주변 지역 주민을 위해 정기적으로 하고 있는 활동으로는 '독거노인 돕기'가 32.4%로 가장 많았으며, 그다음으로 '김장/쌀/반찬 등 생필품 나눠 주기'(28.3%), '장학금 기부'(21.5%), '고아원/양로원 봉사'(20.8%), '장애인 돕기'(20.1%) 등의 순으로 나타났다. 우리 사회가 작년에 고령 사회에 진입하면서 노인층을 위한 봉사가 더욱 확대된 것을 알 수 있다.

그러나 교회가 지역 사회의 복지와 지역 발전에 '기여하고 있다'고 생각하는 비율은 53.0%로 높지 않았다. 이에 대한 개신교인의 긍정률은 76.3%인데 반해 비개신교인의 긍정률은 불과 17.2%로 극명하게 갈린다는 것이 한국 교회의 현주소이다. 또한 목회의 다섯 영역 중에서 봉사는 가장 낮은 비중을 차지하고 있으며, 목회의 다섯 가지 분야 중 봉사를 본인 교회의 강점으로 꼽은 목회자는 1.9%에 불과했고, 이것은 2012년 조사보다도 감소한 수치이다. 이번 조사에서는 문항이 빠졌지만, 2012년 조사에서 개신교를 신뢰한다고 응답한 사람들에게 신뢰 이유를 물어보았더니 가장 많은 44.8%가 교회가 사회봉사를 잘하기 때문이라고 응답했다. 적지 않은 목회자들이 여전히 "교회는 봉사 단체가 아니다.", "봉사는 교회의 본질적 요소가 아니다."라고 이야기하지만, 교회 밖에서는 교회의 봉사 활동을 보고 교회를 신뢰한다고 응답한 것이다.

앞에서 살펴본 바와 같이 목회자에 대한 만족도와 목회적인 실천 등이 많이 약화된 것은 교회의 위기로 볼 수도 있지만 다른 한편으로는 전통적인 목회 패러다임이 한계에 다다르고 있으며 새로운 패러다임이 필요하다는 뜻으로 볼 수도 있다. 가나안 성도가 급증하고 있는 것이 이를 방증한다. 이미 오래전부터 한국 교회의 위기에 대한 담론이 형성되었고, 최근에 가나안 성도에 대한 문제가 제기된 후에 나름대로 대안을 마련하고 이런저런 노력을 해 왔지만 여전히 기존의 목회 방식에 만족하지 못하는 사람이 계속해서 증가하고 있다는 것은 전혀 다른 차원의 대안을 필요로 한다는 뜻이다.

사회는 더욱 복잡하고 다양하게 변하고 있다. 어느 누구도 "이게 답이다."라고 말하기 어려운 다변화 사회 속에서 결국은 각 교회가 처한 상황에 따라 적절한 방법을 스스로 찾아야 하는 상황이 되고 있다. 결론적으로 앞으로는 목회하기가 더욱 어려운 시대가 될 것이다. 최근 한국 교계의 경험에서 보듯이 대형 교회를 벤치마킹하는 것은 큰 의미가 없다. 또한 카페 목회나 도서관 사역이 효과를 보았다고 해서 무작정 따라하는 것도 위험성이 크다. 특정 지역의 특정한 환경에서 성공한 방법이 다른 지역의 다른 여건에서 똑같이 성공을 거두리라는 보장은 없기 때문이다. 결국 교회의 특성과 성도들의 정서, 그리고 지역 사회에 대한 이해가 뚜렷한 목회자가 스스로 전문성을 가지고 대안을 찾아가야 할 것이다.

이러한 현실에서 목회를 전통적인 관점에서 '교회 안에서의' 활동으로만 한정하기가 어려워졌다. 제한적으로 인정해 온 기관 목회나 전문직에 한정된 이중직 이외에도 다양한 형태의 이중직을 인정할 수밖에 없는 상황이 벌어지고 있다. 현대 사회에서는 목회의 범위를 교회 밖의 다양한 일이나 활동으로 넓힐 필요가 있다. 기존 관점에서는 목회 활동이라고 보기 어려운 영역에 대해서도 자비량 목회의 일부로 이해하거나 그 영역 자체를 선교 영역이라고 이해한다면 훨씬 폭넓은 분야에서의 목회 가능성이 열릴 것이다. 특히 최근에는 지역 사회에 대한 관심이 커지고 있으므로 지역 사회에서 다양한 목회 활동을 전개하는 것은 교회의 본래적인 사역과도 이어진다는 점에서 매우 의미 있게 여겨지고 있다. 이제까지 경험해 보지 못한 새로운 환경에 대비하기 위해 다각도의 노력이 필요한 시점이다.

몇 년 전에 『목회와신학』에서 설문 조사한 내용을 보면, 목회자 이중직에 대해 상당히 우호적인 의견들이 많이 나온 것을 알 수 있다. 설문 조사에 따르면 일단 목회자의 생계유지라는 현실적인 이유로 이중직을 찬성한다는 의견도 많았으나, 자비량 목회라는 차원에서 이중직을 찬성한다는 의견도 많이 나왔다. 실제로 이중직을 하고 있는 경우에도 경제적인 이유로 이중직을 한다는 의견이 가장 많았고, 편의점이나 물류센터에서 아르바이트를 하거나 대리 기사를 하는 등 우리 사회에서 아르바이트를 할 수 있는 거의 모든 직종에서 일한 경험이 있다는 결과를 볼 수 있다. 대부분의 교단들이 목회자 이중직을 금하고 있지만, 실제로는 많은 목회자들이 다양한 업종에서 이중직을 하고 있는 것이다. 특히 상대적으로 사례비가 적은 부교역자들에게는 일부 교회들이 이중직을 허용하고 있는 것이 현실이다. 앞에서 언급한 '기윤실'의 부교역자 조사 자료에 의하면, 교회에서 부교역자와 배우자의 경제활동을 허용한다는 비율이 22.4%였고, 배우자

의 경제활동만 허용한다는 비율은 56.5%였다.[50]

　이중직이 필요한 이유로 73.9%의 응답자가 경제적 상황을 언급한 데서도 알 수 있듯이, 목회자 이중직은 목회 현실에 따른 경제적 생활 자구책의 일환으로 거론되는 문제이다. 곧 목회자의 생계 보장이 불안정하기 때문에 다른 직업을 통해 생계를 해결하면서 목회직을 수행하려는 의지가 표출된 것이라고 볼 수 있다. '한목협'이 2017년에 조사한 내용에 따르면, 이중직에 대해서 목회자들의 55.0%가 찬성, 41.8%가 반대 의견을 보였다. 2012년도에 '상황에 따라 할 수도 있다'라고 응답한 비율이 42.2%였던 것과 비교해 보면 이중직에 대한 찬성 의견이 많아지는 추세임을 알 수 있다. 특히 개신교인들의 경우에는 39.9%가 찬성한다고 답해서, 이중직 찬성률은 일반 신자들보다 목회자에게서 더 높게 나타나고 있다.[51]

　필자가 맡고 있는 실천신학대학원대학교의 21세기교회연구소와 한국교회탐구센터가 2017년에 공동으로 실시한 '소형 교회 목회자 의식 조사'에서는 교인 수 100명 이하의 교회 목회자 중 17.5%가 실제로 이중직을 갖고 있는 것으로 조사되었다. 특히 출석교인 50명 미만 교회 목회자 중에서는 25.6%, 즉 4분의 1이 이중직을 갖고 있다고 응답했다. 이제까지 경험한 이중직 종류에 대해서는 '학원 강사/과외'가 22.2%로 가장 높았고, 다음으로 자영업(16.7%), 복지 사업(16.7%) 순으로 나타났다. 한편 '단순 노무직'(13.9%), '택배/물류'(5.6%)

---

50. 기독교윤리실천운동, 윗글, 23쪽.
51. 한국기독교목회자협의회, 윗글, 496쪽.

등 노동집약적 업종에 종사하는 비율도 거의 20% 수준이었다.[52] 실제로 상당수 목회자가 이미 목회 외에 다른 직업을 통해 생계를 유지하고 또 다양한 분야에서 목회 영역을 확대해 나가고 있다.

이렇게 목회 이중직이 이슈가 되면서 목회사회학연구소를 비롯하여 여러 단체에서 이것을 주제로 세미나를 개최했고, 예장 통합 교단은 '목사 이중직 연구 위원회'를 구성하여 법리적 신학적 연구를 진행한 결과, 목사 이중직은 현실이 됐다며 이를 막거나 정죄해서는 안 된다는 보고서를 지난 100회 총회에서 채택했다. 기독교대한감리회의 경우 감독회장이 나서서 목회자 이중직 금지 조항을 폐지하도록 '교리와 장정' 개정안을 낸 이후에 비전교회(미자립 교회)에 한하여 이중직을 허용했고, 다른 교단들 역시 이중직을 허용하도록 법 제도를 변경하려는 움직임이 가시화되고 있다.

보수 교단들의 경우 여전히 목회 이중직을 금하는 경우가 많으나 신학교 교수 등 전문직은 이중직에 해당하지 않는 것으로 여기고 있어서, 이중직에도 차별적인 시각이 있음이 드러난다. 예장 합동 교단지인 『기독신문』이 교단 소속 목회자 500명을 대상으로 교회 현안에 대한 인식 조사를 실시한 결과, 목회자 이중직에 대해서도 57.2%가 '어려운 경제 문제 해결을 위해서'(29.7%), '자비량으로 소신 목회를 할 수 있어서'(28.7%) 등의 이유로 찬성한다고 답하여 전향적인 결정을 촉구했다. 이러한 결과로 지난 103회 총회에서는 목사의 이중

---

52. 21세기교회연구소·한국교회탐구센터, 『소형 교회 리포트』(2017년 12월 1일), 103-106쪽.

직 및 겸직에 대한 규칙을 개정하기에 이르렀다. 총회 규칙 제9장 제30조를 신설해 "목사의 이중직을 금하며, 지교회의 담임 목사직과 겸하여 다른 직업(공무원, 사업체 대표, 전임교원, 정규직 직원 등)을 가질 수 없다."라고 명시했는데, 다만 "생계, 자비량 목회 등의 사유로 소속 노회의 특별한 허락을 받은 자" 등에게는 이중직을 허용하는 예외 사항을 두었다. 예장 합동 총회가 공식적으로 '목회 이중직'을 허용한 것이다.

여전히 교단에 따라 입장을 달리하고 있지만, 오늘날의 교회 현실을 고려할 때 목회 이중직은 불가피한 측면이 있다는 면도 고려해야 한다. 앞에서 살펴본 대로 목회자의 경제 현실이 매우 열악한 상황에서 과거 교회 부흥기를 염두에 두고 만든 규정을 고수하기는 점점 어려워지고 있다. 또한 이전에는 규모가 큰 교회 목회자나 박사 학위를 가진 목회자가 신학교 강의를 하면서 두 개 이상의 수입원을 갖는 경우를 방지하기 위해 이중직을 금했다면, 현재의 상황은 생계 문제를 해결하지 못해서 불가피하게 이중직을 가지면서 죄책감을 갖는 경우이기 때문에 작은 교회 목회자들의 현실적인 필요를 무시할 수 없다. 법으로 이중직을 금지하는 교단조차도 이중직을 가진 목회자를 징계하거나 처벌하는 경우는 거의 없다. 따라서 이제는 이중직에 대해서 좀 더 유연한 태도를 가질 필요가 있다고 판단되며, 목회자의 품위를 손상하지 않고 목회의 의미를 왜곡하지 않으면서 수용할 수 있는 다양한 목회 영역을 개발하는 일이 오히려 시급한 과제로 떠오

르고 있다.[53]

(2) 목회 이중직의 실제

목회 이중직을 유형별로 분류해 보면, 생계형 이중직, 자비량형 이중직, 선교형 이중직으로 나누어 볼 수 있다. 생계형 이중직은 오로지 생계 수단으로 다른 직업을 겸하는 것이다. 여기에는 단지 먹고사는 문제뿐만 아니라 부모 봉양이나 자녀 교육을 위해 다른 직업을 갖는 것까지 포함된다. 임지가 없어 목회를 중단하고 생계를 위해 다른 직업을 갖는 경우, 즉 이중직 아닌 이중직인 경우도 이 유형에 포함될 수 있을 것이다. 자비량형 이중직은 목회를 하면서도 사례비를 교회에 의존하지 않고 스스로 직업 활동을 통해 사례비를 충당하는 경우이다. 자비량 선교를 하듯이 목회도 자비량으로 하는 것이다. 생계형 이중직과 자비량형 이중직은 외형상 큰 차이가 없으나, 동기와 의도에서 차이가 있다. 생계형 이중직은 본래 자비량 목회를 할 의도는 없었으나 교회 형편상 일정 수준의 사례비를 받지 못해 타의로 이중직을 갖는 경우이고, 자비량 이중직은 본래부터 성도들의 헌금에 의존하지 않으려는 의도를 가지고 이중직을 갖는 경우이다.

마지막으로 선교형 이중직은 자비량 목회와 일정 부분 중첩되지

---

53. 이러한 필요에 따라 '목회자 직업 학교'를 준비하는 것은 현실적인 필요를 적극 수용하여 대안을 만들고자 하는 의미 있는 노력이라고 여겨진다. 준비 모임에는 목회자 22명이 참석하여 다양한 의견을 나누었다. "목사들도 현실에서 살아남을 수 있는 '무기' 갖추자: 목회자 직업 학교 준비 모임, 대상·업종에서 이중직 인식까지 다양한 논의", 『뉴스앤조이』, 2015년 10월 6일자.

만, 보다 적극적으로 이중직 자체를 선교 활동으로 이해하고 직업 활동을 통해 선교를 이루어 가는 경우이다. 자비량 이중직 목회자는 목회를 하기 위한 수단으로 다른 직업을 겸하는 데 비해, 선교형 이중직 목회자는 직업 활동 자체를 넓은 의미의 목회라고 여기는 것이다. 여기에는 기존의 기관 사역이나 특수 목회를 하는 경우도 포함될 수 있다. 최근에는 '미셔얼 처치'(missional church)[54]의 관점에서 선교형 이중직을 의미 있게 여기고 적극적으로 참여하는 경우가 늘고 있는 추세이다. 이러한 세 가지 유형은 사회학에서 말하는 '이념형'적인 분류이고 실제에서는 상당 부분 중첩되기도 하고 구분이 모호할 수도 있다.

선교형 이중직의 하나로 지역 공동체 운동 참여형 이중직에 관심을 가질 필요가 있다. 최근에는 지역 사회에 대한 관심이 커지고 있으므로 지역 사회에서 다양한 목회 활동을 전개하는 것은 교회의 본래적인 사역과도 이어진다는 점에서 매우 의미 있게 여겨지고 있다. 산업화의 진전으로 도시뿐만 아니라 농촌에서도 전통적인 공동체가 붕괴된 후, '경쟁과 배제'로 표현되는 개인주의 사고가 지배하는 약육강식의 자본주의 사회에서 '배려와 포섭'을 중시하는 공동체 운동의 중요성이 대두되었기 때문이다. 전통적인 촌락 공동체는 붕괴되었고, 현대 산업 사회에서는 조직 거대화와 관료주의화로 사회 구성

---

54. missional church에 대한 번역어는 통일되어 있지 않다. 대개 '선교적 교회'로 표현하지만 '선교' 자체에 대한 오해가 있기 때문에 적절하지 않다고 여겨지고 있어 소리 나는 대로 쓰기도 한다. '미션'의 '얼'을 이어받자는 뜻으로 '미셔얼'이라고 표기하기도 한다.

원 간에 친밀감을 갖기가 어려워졌고 인간관계도 비인격적인 경우가 많아졌다. 이런 상황에서는 구성원들 사이의 신뢰성과 인격의 상호성 또한 약해지고, 결국 모두 다 소외감을 느끼게 된다. 이에 따라 사람들 사이에서는 예전의 공동체를 그리워하고 공동체 안에 안주하려는 욕구가 심화된다. 이것이 바로 사람들이 새로운 지역 공동체를 필요로 하는 이유이다.

지역 공동체 운동이 교회와 관련해서 의미를 갖는 이유는 교회 역시 지방자치단체, 시민단체, 기업, 주민 등과 더불어 지역 사회의 주요한 구성원이기 때문이다. 특히 한국 사회에서 교회만큼 지역 곳곳에 자리 잡고 있는 조직도 없다. 물론 교회의 이기적인 행태에 대한 비판이 많은 것도 사실이지만, 기독교의 문화적 자원과 교회의 조직적 자원은 공동체를 형성하는 데 매우 중요한 자원임이 분명하다. 신학의 관점에서 볼 때도 교회는 본질 성격상 모두 지역 교회이기도 하지만,[55] 교회는 그 지역 사회의 정치, 경제, 사회 문제와 직접적인 관련을 가진 개인들로 이루어지고 이 사람들을 위해 세워진 기관이기 때문이다. 그러므로 교회는 그 지역 사회의 문제와 직접적으로 연결되어 있다. 교회 실존의 근거가 바로 지역 사회인 것이다. 따라서 교회와 지역 사회를 분리해서 생각한다는 것은 불가능하다. 각 교회는 지역 사회 안에서 일어나는 사회 문제를 진지하게 다루고 그것을 해결하려고 노력해야 할 의무가 있다.

---

55. 성석환, "지역 공동체 형성을 위한 '문화 복지'의 실천", 『지역 공동체를 세우는 문화 선교』(서울: 두란노, 2011), 14쪽.

실제로 많은 경우, 지역 사회의 쇠퇴는 지역 교회의 쇠락으로 이어지며, 지역 사회의 발전은 어김없이 지역 교회의 성장으로 이어진다. 이러한 맥락에서 1990년대 수도권 신도시 개발 붐을 타고, 구도시 지역 교회들이 신도시 지역으로 대거 이주하는 현상이 일어나게 된 것이다. 이것은 교회와 지역 사회가 결코 분리될 수 없는 깊은 태생적 연관성을 갖고 있음을 의미한다. 그러므로 교회는 지역 사회의 욕구와 당면 문제에 진지한 태도로 임하며, 그 문제 해결을 위해 지역 사회의 여러 구성원들과 다양한 형태로 연대할 수 있어야 한다.

이러한 측면에서 주목을 받는 것이 최근 시민 사회에서 활발하게 전개하고 있는 마을 만들기 운동이다. 마을 만들기 운동은 일종의 주민 자치 운동으로 여기서 '마을'이란 시민 전체가 공유하는 것임을 자각할 수 있고 공동으로 이용하며 활용할 수 있는 장을 총칭한다.[56] 따라서 '마을 만들기'란 그 공동의 장을 시민이 공동으로 만들어 내는 작업을 말한다. 이러한 마을 만들기 운동에 교회가 참여하는 것은 매우 의미가 크다. 마을 만들기에서는 눈에 보이는 물리적인 마을뿐만 아니라 눈에 보이지 않는 마을 만들기라는 관점에서 '사람 만들기'라는 측면을 중요시하는데 이러한 시민 의식 형성은 기독교 정신과도 통하는 것이기 때문이다. 시민 의식을 형성하는 과정에서 기독교의 가치를 지향할 수 있도록 협력할 수 있다는 것은 매우 중요한 의미를 갖는다.[57]

---

56. 이명규, "일본에서의 마을 만들기 운동과 대표 사례", 이종수 엮음, 『한국 사회와 공동체』(서울: 다산, 2008), 268-273쪽.
57. 이혁배, "기독 시민과 교회 시민에 대한 시민 신학적 성찰", 『신학과실천』, 32권

최근에는 각 지자체에서 마을 공동체에 직접 들어가서 자원 조사, 마을 의제 발굴, 주민 관계망 형성 등 마을의 주민 활동을 도와주는 다양한 역할을 수행할 마을 코디네이터를 선발하는 경우가 많은데, 평소 마을 공동체 활동을 한 경험이 있는 사람이라면 누구라도 참여할 수 있으므로 목회자도 지역 공동체 참여형 사역을 이중직으로 고려할 만하다고 생각된다.

지역 공동체 운동과 관련해서, 최근에는 신자유주의로 인한 시장의 위기를 극복하기 위한 대안으로 '자본주의 4.0'과 관련된 논의들이 폭넓게 이루어지고 있다. 이러한 대안 경제 활동은 공정 무역, 사회적 기업, 윤리적 소비와 같은 '공동체주의적 자본주의' 활동을 뜻하는데, 이것은 현재 자본주의의 문제를 극복할 뿐만 아니라 세계적인 빈곤 문제를 구조적으로 해결할 수 있는 중요한 방법으로 이해되고 있다. 이러한 대안 경제 활동에 목회자가 참여하는 것도 매우 의미 있는 일이 될 것이다. 특히 경제적인 형편이 어려운 작은 교회 목회자들이 외부 지원금에만 의존하지 않고 스스로 자비량 목회를 할 수 있는 방법이 될 수 있으며, 지역 사회 안에서 실질적인 선교를 감당함으로써 미래 사회에 적합한 새로운 목회 모델을 만들어 갈 수도 있으리라고 기대된다.[58]

(2012년 9월), 741쪽.
58. 목회자가 참여하는 지역 공동체 운동에 대해서는, 정재영, 『함께 살아나는 마을과 교회』(서울: SFC출판부, 2018)를 볼 것.

6) 종교 지도자가 사회의 도움을 받아도 되는가?: 공적 제도 활용

(1) 기초생활수급제도

목회자 빈곤 문제에 대한 또 하나의 접근 방법은 공적 제도를 활용하는 것이다. 앞에서 교단 차원의 대책을 언급했지만, 제한된 교단 재정으로 목회자의 빈곤 문제를 해결한다는 것이 그리 간단하지 않다. 재정을 확보하기도 만만치 않거니와 교단 재정을 교회의 다양한 사역을 위해 사용해야 하는데 그중의 상당 분량을 목회자의 생계를 위해서만 쓴다고 하면 그만큼 교회의 전체 사역이 약화될 수밖에 없다는 현실적인 문제가 발생한다. 따라서 우리 정부에서 저소득층 국민을 위해 시행하고 있는 공적 제도를 활용하는 것이 좋은 방법이 될 수 있다. 우리나라는 생활 능력이 없는 국민에게 최저한도의 생활 수준을 보장해 줌으로써 인간다운 생활을 영위할 수 있도록 재정적 보호 또는 원조를 해 주는 공적 부조 제도를 갖고 있다. 국민 기초 생활 보장 제도가 그것인데 개별 가구의 소득이 국가가 정한 일정 기준선에 미달하는 빈곤층을 대상으로 생계, 의료, 주거, 교육 등 기초적인 생활을 영위할 수 있도록 현금 또는 현물을 지원하는 제도이다.

이를 위해 기초 생활 수급 제도를 시행하고 있는데, 이것은 경제적으로 생활이 어려운 국민에게 기초 생활에 필요한 일정 급여를 지급해 국민의 최저 생활을 보장하고 자활 능력을 돕는 제도이다. 기초 생활 수급 제도의 지원을 받기 위해서는 기본적으로 소득 인정액과 부양가족 기준을 동시에 충족해야 한다. 우선 소득 인정액이 중위 소득 30-50% 이하에 해당해야 한다. 또한, 부양 의무자가 없는 경우이거나, 부양 의무자가 있어도 부양 능력이 없거나 부양 능력이 미약해 수급권자를 부양하기 힘들 경우 기초생활수급비를 지원받을 수 있기 때문에 이 기준에 해당하는지 살펴보아야 한다.

이를 위해서는 해마다 고지되는 기준 중위 소득을 알아야 하는데, 기준 중위 소득은 보건복지부 장관이 국토교통부, 교육부, 기획재정부 등 관계 부처 및 민간 위원들로 구성된 중앙생활보장위원회의 심의·의결을 거쳐 고시하는 국민 가구 소득의 중위 값을 의미한다. 다시 말해 우리나라의 모든 가구 소득을 조사해 한 줄로 순위를 매겼을 때, 정확히 가운데에 해당하는 가구의 소득을 말한다. 이때 중위 소득의 50% 미만은 빈곤층, 50-150%는 중산층, 150% 초과는 상류층으로 분류하게 된다. 2020년도 기준 중위 소득은 4인 가구 기준으로 474만 9174원으로, 2019년(461만 3536원)에 비해 13만 5638천 원(2.94%) 인상되었다.

〈표 6〉 2019년 및 2020년 기준 중위 소득 (단위: 원/월)

가구원 수		1인	2인	3인	4인	5인	6인
기준 중위 소득	2019년	170만 7008	290만 6528	376만 32	461만 3536	546만 7040	632만 544
	2020년	175만 7194	299만 1980	387만 577	474만 9174	562만 7771	650만 6368

이를 기준으로 하여, 생계 급여는 가구 소득이 중위 소득의 30% 이하인 경우이며, 의료 급여는 40% 이하, 주거 급여는 45% 이하, 교육 급여는 50% 이하인 가구이다. 4인 가구 기준 급여별 선정 기준은

생계 급여 142만 5천 원, 의료 급여 190만 원, 주거 급여 213만 8천 원, 교육 급여 237만 5천 원 이하 가구이다. 생계 급여를 기준으로 보면, 전체적으로 목회자 중에서 그리 많은 비율이 급여 대상자에 해당하지는 않지만, 개척 교회의 경우에는 적지 않은 목회자들이 해당될 수 있다. 그리고 의료 급여나 주거 급여, 교육 급여의 경우 훨씬 더 많은 목회자들이 해당된다. 특히 주거 급여의 경우에는 부양 의무자 조건을 보지 않기 때문에 더 많은 혜택을 볼 수 있다.

〈표 7〉 급여별 선정 기준(2019년 및 2020년)   (단위: 원/월)

가구원 수		1인	2인	3인	4인	5인	6인
교육급여 (중위 50%)	2019년	85만 3504	145만 3264	188만 16	230만 6768	273만 3520	316만 272
	2020년	87만 8597	149만 5990	193만 5289	237만 4587	281만 3886	325만 3184
주거급여 (중위 45%)	2019년 (44%)	75만 1084	127만 8872	165만 4414	202만 9956	240만 5498	278만 1039
	2020년 (45%)	79만 737	134만 6391	174만 1760	213만 7128	253만 2497	292만 7866
의료급여 (중위 40%)	2019년	68만 2803	116만 2611	150만 4013	184만 5414	218만 6816	252만 8218
	2020년	70만 2878	119만 6792	154만 8231	189만 9670	225만 1108	260만 2547
생계급여 (중위 30%)	2019년	51만 2102	87만 1958	112만 8010	138만 4061	164만 112	189만 6163
	2020년	52만 7158	89만 7594	116만 1173	142만 4752	168만 8331	195만 1910

기초 생활 보장 수급 대상은 아니라 하더라도 차상위 계층으로만 인정받아도 정부로부터 적지 않은 지원을 받을 수 있다. 차상위 계층

이란 빈곤층 바로 위 계층이라는 뜻으로 잠재적 빈곤층이라고 할 수 있다. 차상위 계층은 소득 인정액이 기준 중위 소득 50% 이하에 해당하고, 차상위 계층으로 인정되면 교육 급여 수급이 가능하고, 자녀가 고등학생인 경우에 수업료, 입학금, 운영지원비, 중식비 전액을 면제받을 수 있다. 그리고 도시가스 요금 할인, 문화누리 카드, 대학 기회 균형 선발제, 국가 장학금, 핸드폰 요금 감면 등의 혜택을 받을 수 있다. 그 밖에 임대주택 신청 시 혜택이 있고, 의료 혜택, 장애 수당 지원 등이 추가적으로 있다. 특히 대학 등록금은 소득이 적은 목회자에게 큰 부담이 될 수 있는데, 기초 생활 보장 수급 대상자나 차상위 계층이 아니라도 소득 분위에 따라 차등적으로 국가 장학금 혜택을 받을 수 있다.

(2) 목회자 세금 납부

정부로부터 이러한 지원을 받기 위해서는 세금 납부가 기본 전제이다. 가구의 소득 수준을 파악하기 위해서는 소득 신고가 이루어져야 하고 소득이 있으면 세금을 내야 하기 때문이다. 이미 우리나라에서는 종교인 과세법이 시행되고 있고, 2018년 1월 1일부터 목사, 신부, 승려 등 모든 종교 종사자들은 소득에 대한 세금을 내도록 되어 있다. 천주교는 이미 주교회를 통해 세금을 납부하고 있었기 때문에 사실상 개신교 목회자들이 주목받고 있다. 과세는 목회자 개인뿐만 아니라 종교 단체인 교회도 관련되는 문제이다. 이러한 과세 문제는 조세법에 따라 판단할 수도 있고, 더 깊이 들어가면 자본주의의 철학 토대에 대해서부터 논의를 시작해야 할 수도 있다. 그러나 우선 중요한 것은 법의 취지이다.

  국민이 자기 수입에 대해 국가에 세금을 납부해야 하는 근본적인 이유는 개인의 노동은 사회 기반 시설을 이용해야 하고 국가의 보호 아래서 이뤄지기 때문이다. 따라서 국민이라면 마땅히 세금을 내는 것이 기본적인 의무인 것이다. 그러나 목회자의 경우, 목회 활동을 노동으로 볼 수 있느냐 하는 문제가 관련되어 있다. 간혹 노동을 매우 좁은 의미의 '육체' 노동으로만 이해하여, 노동자라고 하면 사무직 종사자는 포함하지 않는 것으로 오해하기도 한다. 그래서 과거에는 교사의 활동이 노동이냐 아니냐가 큰 논쟁이 된 적도 있었다. 그러나 사전에서 노동의 의미는 "몸을 움직여 일을 하는 것"이다. 따라서 교사의 교직 활동 역시 넓은 의미에서 노동으로 볼 수 있다.

  물론 목회자는 더 특별하게 하나님의 일이라는 신성한 직무를 담당한다고 할 수 있는데, 이것이 보수를 위해 일하는 일반적인 노동과는 다르지 않느냐는 의문이 제기될 수 있다. 그래서 일부에서는 세금을 내면 목회가 세속화된다는 주장을 하기도 하는 것이다. 그러나 이것은 성과 속을 어떻게 이해하느냐의 문제에 따라 다르게 이해될 수 있다. 목회자의 사역을 세속적이라고 말하는 사람은 없지만, 목회자의 활동 역시 전기, 전화 등 사회 기반 시설을 활용하고 교회의 모든 활동들이 사회와 분리되어 이루어지는 것이 아닌데도, '세속'의 것을 무조건 '신성'에 반(反)하는 것으로 생각하는 것은 올바른 이해가 아니다. 그뿐만 아니라 국가로부터 종교의 자유를 보장받고, 생명과 재산을 보호받고 있기 때문에 목회자 역시 세금을 내는 것이 바람직하다고 판단된다.

이에 대해 일부에서는 목회자가 받는 사례비는 교인들이 이미 자신의 수입에서 세금을 납부한 돈이라는 이유로 이중 과세 문제를 제기하기도 한다. 그러나 다른 경우를 보면, 교사의 월급 역시 이미 세금을 납부한 학부모의 돈이다. 3차 산업에 종사하는 모든 노동자들은 이미 세금을 납부한 돈에서 월급을 받는다. 따라서 내 월급이 이미 다른 사람이 세금을 납부한 돈이냐 아니냐의 문제는 내가 그 월급의 세금을 납부해야 하는지와는 별개의 문제이다.

또 한 가지 생각해야 할 것은 어느 쪽이 기독교인의 미덕을 나타내는 태도인가 하는 것이다. 성직자에 대해서, 우리 사회가 특별하게 인정하고 세금 감면 혜택을 준다면 좋겠지만, 성직자들도 세금을 내야 한다는 사회적인 요구가 높은 마당에 세금 납부를 거부한다면 교회가 이기적인 집단으로 비칠 수 있다. 이런 상황에서 당당하게 세금을 냄으로써 목회자와 교회 역시 우리 사회의 구성원으로서 기본적인 책임을 다하고 있다는 것을 보여 주고 세금 문제에 대해 일반 시민과 같은 의식을 공유하는 것이 교회의 공공성 측면에서도 바람직한 태도이다.

현실적으로는 상당수의 작은 교회 목회자가 생활 보호 대상자에 해당할 만큼 적은 사례비를 받기 때문에 세금 액수에 대해서는 크게 신경 쓸 필요가 없다는 점도 고려할 필요가 있다. 국세청이 공개한 종교인 소득세 원천 징수를 위한 간이 세액표를 보면, 홀벌이로 배우자와 20세 이하의 자녀가 1명 있다면 월 소득 222만 원이 넘어야 월 1천 원의 세금을 내고 그 미만은 세금을 전혀 내지 않는다. 그리고 월 소득 308만 원까지는 월 1천 원의 소득세만 낸다. 배우자와 20세

이하의 자녀가 2명 있다면 월 272만 원까지 면세이고 375만 원까지 세금이 1천 원이다. 그런데 이 소득은 과세 소득으로 비과세 소득인 종교 활동비, 종교인 개인 학자금 등을 30만 원만 잡아도 면세 범위는 훨씬 더 넓어진다. 결국 출석 교인 300명 이하의 중소형 교회 목회자 대부분이 면세에 해당한다.

사실상 명목상으로만 종교인 납세를 할 뿐 실질적으로 납세 대상자는 소수에 불과하다고 언론에서 비판할 정도이다.[59] 그리고 빈곤층에 해당하는 목회자들은 오히려 정부로부터 생활 보호 자금을 받을 수 있게 되기 때문에, 세금을 내는 것이 국민으로서의 기본 의무를 수행하는 것일 뿐만 아니라 국가의 공적 부조에 의해 도움을 받을 수 있는 기회도 된다는 점에서, 목회자 세금 납부는 긍정적으로 수용할 필요가 있다. 한편에서는 사회에 도움을 주어야 할 종교 지도자가 오히려 사회로부터 도움을 받는 것이 부담이 되거나 적절하지 않다고 보기도 하지만, 이 역시 목회자도 국민의 한 사람으로서 당연히 받을 수 있는 권리라는 점에서 큰 부담을 느낄 필요는 없을 것이다.

7) 준비인가, 염려인가?: 목회자의 노후 대책

(1) 노후 준비 필요성

마지막으로 언급하고자 하는 것은 목회자의 노후 대책에 대한 것이다. 우리 사회가 고령 사회(인구의 14% 이상 20% 미만이 65세 이상 고령 인

---

59. 『서울경제』, 2019년 7월 30일자.

〈표 8〉 종교인 소득 근로 소득 간이 세액표[60]

월 소득(만 원)	종교인 소득 소득세(원)		근로 소득 소득세(원)	
	부부+자녀 1	부부+자녀 2	부부+자녀 1	부부+자녀 2
100	-	-	-	-
150	-	-	-	-
200	-	-	3220	-
250	1000	-	1만 3150	6400
300	1000	1000	2만 6690	1만 7100
350	3만 3090	1000	5만 9840	3만 3590
400	8만 540	3만 5540	10만 5840	7만 5920
450	12만 9340	8만 4340	16만 7100	12만 9600
500	18만 1020	13만 6020	23만 4100	19만 6600
600	30만 6080	26만 1080	39만 1970	35만 4470
700	45만 80	40만 5080	57만 2350	51만 2350
800	60만	55만	78만 3550	72만 3550
900	76만	71만	99만 9620	93만 9620
1,000	92만	87만	121만 5840	115만 5840

※ 자녀는 모두 20세 이하 소득세만(지방소득세 제외)

구인 사회)에 진입한 상황에서 노인의 삶에 대한 관심이 높아지고 있다. 기대 수명이 80세를 넘어섰고, 이제 100세 시대라는 말도 희망 사항만은 아니게 됐다. 여전히 지구의 다른 편에서는 60세 이상 살기 어려운 현실을 감안하면 장수한다는 것은 분명 복으로 여길 만하다. 그러나 중요한 것은 삶의 질이다. 장수한다고 해도 궁핍하고 불만족스러운 상태로 살아야 한다면 그러한 삶은 복이 아니라 저주에 가까울 수도 있다.

---

60. 윗글.

그렇다면 노후 생활에 필요한 자금은 얼마나 될까? 국민연금 공단 조사에 의하면, 50대 이상자가 필요로 하는 최소 노후 생활비는 부부 기준으로 월 174만 원, 개인 기준으로는 월 104만 원이었다. 적정 노후 생활비는 부부 기준으로 월 237만 원, 개인 기준 145만 원으로 나왔다. 최소 생활비는 특별한 질병 등이 없는 건강한 노년을 가정했을 때 생활을 유지하는 데 필요한 최저 비용을 말하며, 적정 생활비는 평범한 생활을 하는 데 부족함이 없는 정도의 비용을 의미한다.

그러나 목회자의 노후 준비는 매우 부족하다. 국민연금 공단의 '성직자 노후 보장 실태와 국민연금 가입 제고 방안'에 따르면, 개신교 목회자 4명 중 1명(26.3%)은 마땅한 노후 준비 수단이 없는 것으로 나타났다. 따라서 목회자의 34%는 '노후에 대해 매우 걱정한다'고 답했고, 은퇴 후 가족으로부터 경제적 지원을 받을 수 있는지에 대한 질문에 목회자의 88.9%가 '불가능하다'고 답했다. 개신교 성직자들 중 노후를 준비하는 방법으로는, 가장 많은 49.6%가 '종교 단체(교단) 제공 연금 제도'를 선택하고 있었고, 이어 34.7%가 '공적 연금 제도'에 의존하고 있었다.

연구원은 2015년 12월 기준, 일반인의 18-59세 총인구 대비 공적 연금 가입률이 69.3%에 달한다는 점을 고려하면 성직자의 공적 연금 제도 가입률은 상당히 낮은 편이라며, 의료·의식주·여가 등과 관련된 기본 욕구를 충족시키기에는 성직자들의 노후 준비 수준이 상당히 열악한 것으로 나타났다고 분석했다. 또한 종교 단체에서 제공하는 자체적인 노후 보장 제도 역시 급여 수준이나 적용 범위 측면에서 상당히 열악하고, 개인연금이나 가족으로부터의 지원 역시 기대하기 어려운 실정이라고 했다. 그러면서 이번 연구에 포함되지 않은 소규모 교단(종단) 소속 성직자들은 훨씬 더 심각한 상황일 것이라고도 덧붙였다.

(2) 노후 대책 마련

개신교 200여 개 교단 중 연금 제도를 운영하는 교단은 합동, 통합 등 주요 교단 8곳에 불과한 것으로 알려져 있다. 더구나 연금 제도를 운영하는 교단 소속 목회자들의 연금 가입률도 절반에 미치지 못한다. 소득이 워낙 낮아 생계유지만으로도 벅차다 보니 연금까지 납부하기는 어렵기 때문이다. 게다가 각 교단들의 연금이나 은급 제도가 심각한 위기에 처해 있다는 것은 공공연한 사실이다. 투자 실패 등 연금의 부실 운영과 고령화 가속 등으로 인한 기금 고갈을 우려하고 있다. 머지않은 시기에 연금이 고갈될 수 있다는 우려에 평생을 목회 사역에 전념하다 연금만을 바라보고 있는 작은 교회나 미자립 교회 목회자들의 염려는 더욱 깊어질 수밖에 없는 실정이다.

더 심각한 문제는 연금 제도가 마련되어 있지 않은 교단의 목회자들이다. 연금 제도가 마련된 교단이 전체 한국 교회 교단 가운데 8개 교단에 불과하기 때문에 수백여 개로 추산되는 나머지 교단들은 은퇴 목회자 노후 준비에 속수무책인 상황이다. 이러한 문제는 세계에서 가장 빠른 속도로 고령화되고 있는 우리 사회에서 수년 안에 매우 심각한 문제로 대두될 것이다. 우리나라와는 달리 미국이나 영국과 같은 나라들은 목회자들의 은퇴 이후의 삶에 대해 합리적 대비를 하고 있다고 알려져 있다. 그러나 우리나라의 경우에는 목회자들이 국민연금과 같은 공적 연금 제도의 사각지대에 방치돼 있고, 교단 차원에서 연금 제도가 마련된 곳도 소수에 불과하다. 따라서 일평생 하나님 나라 확장과 복음 전파를 위해 헌신한 목회자들이 은퇴 이후에도 행복한 삶을 꾸려나갈 수 있도록 구체적이고 현실적인 방안을 조속히 마련해야 한다.

목회자들의 노후 대비 문제는 의도치 않게 교회 분쟁으로 이어지기도 한다. 평생 존경받던 목회자가 은퇴 과정에서 지나친 은퇴 자금을 요구하다 성도들과 갈등을 빚고 하루아침에 비난의 대상이 되어 버리는 경우도 드문 일이 아니다. 또한 평생 자신이나 가족을 돌보지 못하고 교회를 위해 헌신한 목회자들이 노후에 극단적인 상황으로 내몰리는 경우도 적지 않다. 돈 문제를 드러내 놓고 얘기하기를 꺼리는 우리 풍토에서 목회자가 나서서 은퇴 이후 예우에 대한 이야기를 꺼내기도 쉽지 않고 교인들도 뚜렷한 계획 없이 어떻게 되겠거니 하고 미루다가 결국 은퇴 시점에 이르러 서로의 견해 차이로 갈등이 불거지는 것이다.

따라서 목회자들의 은퇴 자금에 대해 합리적인 기준을 마련해 놓고 미리미리 준비할 필요가 있다. 그러나 목회자들의 은퇴 자금으로 얼마가 합리적인지에 대해서 기준을 마련하는 것은 쉬운 일이 아니다. 그것은 목회자 사례비에 대한 합리적인 기준을 마련하지 못하고 있는 것과 마찬가지다. 앞에서 언급했듯이, 각 교회의 형편이 천차만별이기 때문에 목회자 은퇴비의 적정 기준을 정하는 데 합의를 이루기는 쉽지 않다. 따라서 전체 한국 교회를 대상으로 하는 은퇴 자금이나 예우에 대해서는 더 깊이 있는 논의가 필요하겠으나, 우선은 현재 사례비 수준에 따라 적절한 은퇴 예우 기준을 정하는 것이 현실적인 방법이 될 것이다.

시급한 것은 형편이 어려운 작은 교회들의 처우 개선이다. 앞에서 말한 바와 같이, 작은 교회들은 생계유지도 어려운 상황에 있고 노후나 은퇴 이후를 준비하기는 더 어렵기 때문이다. 그러나 아무리 현재 형편이 어렵더라도 노후를 준비하지 않을 수는 없다. 어려운 상황에서도 목회자에게 제공할 최소한의 사례비에 관해 성도들과 논의하듯이, 은퇴 이후에 대해서도 더 이상 미루지 말고 교회에서 공론화하여 준비해야 한다. 사례비의 일정 비율을 은퇴비로 적립하거나 국민연금과 같은 공적연금 제도에 가입하도록 하는 것이 좋다.

교단 차원의 지원도 필요하다. 연금 제도가 없는 교단들은 하루속히 연금 제도를 도입할 필요가 있고, 또한 연금이 부실하게 운영되지 않도록 제도적 장치를 마련해야 한다. 교단 내 비전문가에게 의존하기보다는 외부 전문가를 영입해서 재정 건전성을 확보하고 장기적으로 투명하고 공정하게 기금을 운용해야 할 것이다. 개교회의 공동체성을 강조하듯이 전체 한국 교회의 공동체성 곧 공교회성이 실현될 수 있도록 교단 차원에서 힘을 모아야 한다.

최근 우리 사회에서 복지 강화를 위해 증세에 대한 논의가 나오고 있듯이, 한국 교회의 상생을 위해 각 교회마다 공적 자금을 마련해서 목회자의 노후를 도울 수 있는 방안을 강구해야 한다. 재정적 여유가 있는 교회들이 형편이 어려운 교회의 목회자들을 위해 더 많은 재정적 부담을 감당할 필요가 있다. 또한 성도들은 목회자에게 무조건 청빈한 삶을 살기를 요구하거나 기대할 것이 아니라, 목회자들이 노후에도 최소한의 인간다운 삶을 유지할 수 있도록 적극적으로 방안을 마련해야 한다. 이제 목회자들의 노후에 대해서도 공교회성 차원에서의 논의를 확대해야 할 때다.

05

나가는 말

이제까지 한국 교회 목회자들의 경제적인 어려움에 대해서 살펴보고 그 원인과 극복 방안을 살펴보았다. 목회자들의 경제적인 형편이 이렇게까지 어려웠나 싶을 정도로 어떤 이들에게는 충격적으로 느껴졌을 수도 있다. 우리 주변에서 만나는 목회자들은 대부분 어느 정도 규모 있는 교회의 목회자들이기 때문에 우리는 그동안 대부분 목회자들의 실제 형편을 잘 모르고 있었을 수도 있다. 흔히 '신빈곤층'이라는 말을 쓰듯이 요즘 빈곤층은 옛날처럼 눈에 띄게 궁핍한 삶을 살던 사람들의 모습과는 많이 다르다. 옛날에는 일 자체가 많지 않았기 때문에 번듯한 일자리가 없어서 절대 빈곤으로 허덕이는 사람들이 빈곤층을 이루었다. 그러나 요즘에는 비정규직이나 시간제 일이라도 일 자체는 많이 있기 때문에 겉으로 보면 빈곤층인지 알 수 없지만, 사실상 생계유지조차도 힘들어하는 사람들이 적지 않다. 목회자들은 더 그럴 것이다. 영적 지도자라는 이름에 걸맞게 보이기 위해서라도 겉으로는 구색을 갖추고 힘이 들어도 힘든 내색을 하기 어렵다. 특히 돈 문제를 거론하면 세속적으로 보이고 영적 지도자의 위신에 어울리지 않는다고 여기는 풍토 때문에 아무리 힘들어도 겉으로 표현하지 않고 기도하면서 개인적으로 해결하려고 애쓸 뿐이다.

그러나 더 이상 이 문제를 목회자 개인의 문제로 여기거나 개인이 알아서 해결하도록 방치해서는 안 된다. 목회자들도 한 사람의 인격체로서 최소한의 인간다운 삶을 영위할 수 있도록 보장받아야 한다. 언론에서 목회자들의 재정 관련 부정 행위가 불거지는 경우가 종종 있지만, 이런 문제는 어느 정도 규모를 갖춘 교회에 국한된 일이며, 전체 교회 비율로 보면 극소수의 문제일 뿐이다. 물론 비율로는 적다고 하더라도, 그들이 한국 교회를 대표할 만한 대형 교회의 목회자들이기 때문에 그 문제를 가볍게 여길 수는 없다. 그러나 절대 다수를 차지하는 소형 교회 목회자들은 사실상 재정 보고 자체가 무의미할 정도로 부족한 재정을 가지고 생계유지를 걱정해야 하는 상황에서 목회를 어렵게 이어 가고 있는 것이 현실이다. 이 문제를 극복하기 위해서 한국 교회가 함께 나서서 노력해야 한다. 물론 문제 해결이 그리 간단치는 않다. 이 글에서 제시한 극복 방안들도 단기간의 노력으로 이루어질 수 있는 내용들이 아니다. 그러나 우리가 그 방안들을 '비현실적'이라고 단정하고 외면하는 한 문제는 결코 해결될 수 없고 상황은 오히려 더 심각해질 것이 분명하다. 많은 사람들이 비현실적이라고 생각하는 방안에 대해서 교계 일부에서는 이를 실현하기 위해서 '현실' 차원의 노력을 기울이고 있음을 이 글에서 보여 주고자 했다.

이 글의 핵심 주제에서 벗어나기 때문에 깊이 있게 다루지는 못했지만, 목회자들의 근무 여건도 개선되어야 한다. 특히 부교역자들은 피고용인의 지위에 있지만, 일반 직장인들과 같은 근무 환경이나 여건을 제공받지 못하고 매우 열악한 조건에서 '헌신 페이'를 강요당하고 있다. 물론 개척 교회나 작은 교회 목회자들의 어려움도 이들 못지않다는 것을 잘 알고 있다. 이 책의 의도는 부교역자에게 특별히 초점을 맞추기보다는 목회자 전체의 현실을 다루는 것이다. 하지만 담임 목회자들은 스스로 근무 시간이나 여건을 어느 정도는 재량껏 조정할 수 있는 데 반해, 부교역자들은 철저하게 '을'의 위치에 놓여 있을 뿐만 아니라 거룩한 하나님의 일을 한다는 명분 때문에 어려움을 공개적으로 토로하기도 어렵다. 그래서 많은 부교역자들이 자신의 신분을 '하나님 나라 사역의 동역자'라기보다는 '종교 조직의 기능직 종사자'라고 여기고 있다. 본문에서 다루지 못한 부교역자들의 근무 여건에 대해서는 책 뒤의 부록에 있는 인터뷰에서 어느 정도 확인할 수 있을 것이다.

이러한 모든 문제들이 사실은 교회가 공동체보다는 사회 조직으로서의 특성이 강화되면서 나타나는 일들이다. 우리는 모두 교회를 공동체라고 칭하고 흔히 사도행전에 나오는 '유무상통하는 공동체'로서의 초대 교회를 떠올리지만, 현실의 교회는 가진 자와 가지지 못한 자로 나뉘고 직분에 따라서도 나뉘는 매우 형식적인 조직에 가깝다. 교회가 사회학에서 말하는 1차 집단과 2차 집단의 성격을 모두 가지고 있는 것이다. 이상적으로는 1차 집단을 추구하지만, 현실에서는 2차 집단의 성격이 훨씬 강하다. 여기에 신분상 상급에 위치한 목회자조차도 여러 가지로 희생당하고 곤경에 처해 있다. 특히 교회가 제도화되고 관료제의 특성이 강해질수록 관료제 구성원 모두 그 희생자가 될 수밖에 없다는 것이 막스 베버의 주요 논지이다. 여기에 담임 목회자도 예외가 될 수 없다. 빈번하게 발생하고 있는 담임 목사와 장로회의 갈등이 한 보기가 될 수 있을 것이다.

우리는 이러한 제도화의 딜레마를 극복하기 위해 부단히 노력해야 한다. 공동체라는 표현에 걸맞게 성도들이 서로에 대한 책임과 의무를 다하는 모습을 한국 교회가 회복해야 한다. 교회가 공동체이고 모든 교회가 공교회임을 고백하듯이 현실의 교회가 그렇게 되도록 뼈를 깎는 노력을 해야 한다. 우리 교회가 건강하고 아름다운 공동체가 되도록 노력해야 할 뿐만 아니라 이웃 교회와 그 성도들이 겪는 아픔을 우리의 아픔으로 느끼며 그 문제 역시 우리의 문제로 여길 수 있어야 한다. 그래서 개교회 공동체를 넘어서서 한국 교회 자체가 공동체가 되기 위해서 노력해야 한다. 그 중심에 교회 지도자인 목회자의 삶의 문제가 있다는 점을 인식하고 이 문제를 해결하기 위해 한국 교회가 다 같이 힘을 모을 수 있기를 간절히 소망한다.

부록
부교역자 인터뷰

이 인터뷰는 2019년 4월 10일과 12일에 진행되었다. 실제로는 일대일 면접 방식으로 이루어졌지만, 독자들의 이해를 돕기 위해 대담 형식으로 정리했고 이름은 가명을 사용했음을 밝힌다. 인터뷰 대상자를 간단하게 소개하면 다음과 같다.

김요한 전도사는 35세 남성으로 모태신앙인이고, 대형 교단에 속하여 5년째 사역 중이며 결혼하지 않았다.

유바울 목사는 34세 남성으로 모태신앙인이고, 중형 교단에 속하여 6년간 사역했으며 결혼해서 자녀 한 명을 두고 있다.

강한나 강도사는 34세 여성으로 모태신앙인이고, 소형 교단에 속하여 11년째 사역 중이며 결혼하지 않았다.

박야곱 전도사는 32세 남성으로 모태신앙인이고, 중형 교단에 속하여 5년째 사역 중이며 곧 결혼할 예정이다.

사회자: 신학을 하게 된 과정과 그간의 사역 내용을 이야기해 주십시오.

김요한 전도사: 아버지께서 목사님이라서 저도 자연스럽게 목사가 되었습니다. 특별히 소명을 받았다기보다는 아버지가 저에 대해 서원 기도를 하기도 하셨고, 저도 성경을 공부하는 게 재미있기도 해서 목사가 되는 것이 당연하게 생각되었습니다. 학부는 다른 교단에서 공부했고, 지금 교단의 신대원에 입학하게 되었습니다. 사실은 신대원에 들어가기 전에 일반 직장에 입사 지원을 해서 합격을 했는데 신대원에도 지원해 놓았기 때문에 시험만 보고 오려고 했어요. 그런데 아버지께서 "너도 목회해야지." 하시는 거예요. 그래서 소명감 때문이라기보다는 좋은 아들이고 싶어서 신대원에 들어가게 되었습니다. 제가 신대원에 안 가면 아버지의 30년 목회를 부정하는 게 될 것 같더라고요.

강한나 강도사: 저는 선교 단체 출신이고, 사회복지학을 공부하다가 신학 공부를 하게 되었습니다. 사회복지학을 공부하면서 청소년들의 삶에 관심이 있었는데 '그들의 삶이 향상되더라도 그들에게 복음이 없으면 행복할까?' 하는 생각에 이르면서 신학을 복수 전공하게 되었어요. 선교 단체에서 활동하면서 선교도 많이 다녔고, 교회 청소년부에서 간사를 하게 되었습니다. 그러다가 신대원에 가서 M.div.(목회학 석사)를 하고 Th.M.(신학 석사) 과정에서 신약학을 공부하고 있습니다. 교회 사역은 모교회에서 무급 간사로 시작했어요. 사실 전도사 역할을 다 했는데, 저는 사례비를 받을 거라고 기대하지도 않았고 교회에서도 사례비를 책정해 주지 않았어요.

교회 사역자들이 모두 담임 목사님의 자녀들이었는데 그 이상

한 교회 구조 때문에 저는 많이 힘들었어요. 교역자 회의를 가족끼리 식사하는 자리에서 하는 거예요. 저는 자연스럽게 배제되고요. 그래서 그 교회를 사임하고 지금 교회로 옮겼어요. 파트 전도사로 3년, 그 후 전임 전도사로 5년 사역하고 나서, 지금은 전임 강도사로 사역하고 있습니다.

유바울 목사: 저는 어머니의 서원 기도로 신학교에 가게 되었습니다. 초등학교 때 수련회에서 회심을 하고 저 스스로도 목사가 되기로 결심했습니다. 신학교에 다닐 때 학비 내기가 어려워서 학자금 대출을 받았습니다. 신학교에 다니면서 목회자 신상 문제들이 언론에 많이 보도되었는데 주변의 신학생들이 그런 문제들에 대해 너무 무관심한 것을 보고 저는 아주 놀랐던 기억이 있습니다. 그래서 학교 다닐 때 좀 겉돌았던 것 같아요. 군대 갔다 온 다음에 일반 대학에 다시 입학해서 진로를 바꿀까도 생각했는데, 그래도 '이 안에서 바꿀 수 있는 것은 바꿔 보자.'라고 생각하고 신학교에 복학했습니다. 교회 사역은 서울에 있는 유명 대형 교회에서만 6년간 했는데, 파트타임 교육 전도사로 2년, 전임 전도사로 3년, 교육 목사로 1년간 사역했습니다. 현재는 기독교 NGO에서 3년째 사역하고 있습니다.

박야곱 전도사: 원래는 대학에서 경영학을 전공하고 회계사 시험을 준비하다가 하나님을 기쁘시게 하는 일을 하고 싶어서 신대원에 가게 되었습니다. 아버지께서 보수 교단 소속 목사로 작은 교회를 목회하고 계시는데 저는 첫 사역지로 그 교회에서 2년 동안 간사와 전도사로 사역했습니다. 사실 아버지하고는 잘 맞지 않아서 일부러 진보적인 다른 교단 신학교에 입학했습니다. 서울의 중형 교회와 인천의

대형 교회에서 1년씩 사역하고 지금은 서울에 있는 중소형 교회에서 전임 전도사로 사역하고 있습니다. 제 의지로 교회를 옮긴 것은 아니고 각 교회의 사정 때문에 1년씩만 사역하고 옮기게 되었습니다. 인천의 대형 교회는 1년에 50개 넘는 행사를 하는데 사역을 하다 보면 공부할 시간이 없더라고요.

사회자: 경제적인 형편은 어떻습니까?

김 전도사: 지금 교회는 교인 수 300명 규모인데 재정이 아주 탄탄해요. 사택을 제공받고, 사례비 월 150만 원에 심방비 20만 원, 차량 유지비, 사택 관리비, 공과금, 건강보험료 지원을 받고 있습니다. 국민연금을 지원해 주면 좋은데 그건 받지 못하고 있습니다. 전에는 누나 집에 얹혀살았는데 제 나이도 있고 해서 독립해야 했는데, 사택을 제공해 준다고 해서 이 교회에 오게 되었습니다. 비교적 대우가 좋은 편이기는 하지만, 이전 교회보다는 못합니다. 부교역자에게 보너스를 주는 줄 알았는데, 부임하고 나서 보니 보너스는 없다고 합니다.

사회자: 혹시 부임하기 전에 사역에 대한 계약서를 쓰거나 근무 조건과 사례비를 알아보셨나요?

김 전도사: 계약서나 근무 조건에 대한 안내는 없었고, 사례비도 미리 알아볼 수는 없었습니다. 면접할 때 담임 목사님께서 "굶어죽지 않을 만큼은 줘."라고 하셨는데, 그 말 그대로인 것 같습니다. 이전 교회보다 대우가 훨씬 안 좋습니다. 심방비를 받고는 있지만 개인 돈 20만 원을 더 쓰고 있어요. 생활은 유지되지만 필요한 것을 살 만한 여유는 없어요. 부끄러운 얘기지만 '엄카'(엄마 카드)를 쓰고 있습니다. 제 주변에도 엄카를 쓰는 전도사들이 꽤 있어요. 우리 교단 신학

생 중에서 전임 전도사로 나가는 경우가 15퍼센트 정도 되는데 저는 그나마 운이 좋은 편이에요.

전임 사역자에게는 보통 사택을 제공해 주어야 하는데 교회는 그것을 재정적인 부담으로 여기고 전임 전도사는 안수를 못하고 성례전 집례를 못하니까 별로 쓸모가 없다고 생각해요. 그런데 목사 안수를 받으려면 전도사 사역 연수를 채워야 하기 때문에 교회에서 이것을 악용하는 경향이 있어요. 목사 안수를 받으려면 어차피 교회를 못 떠나니까 적정한 사례금을 안 줘도 된다고 생각하는 거지요. 요즘에는 부목사한테도 사택을 제공해 주는 대신에 부목사가 대출을 받아서 전세를 얻고 그 대출 이자를 교회에서 대 주는 경우가 많아지고 있어요. 이제 종교 단체도 세금을 내야 하는 상황이니까 교회에서 자금을 많이 쓰지 않으려고 하는 것 같아요.

사회자: 유 목사님은 어떠셨어요?

유 목사: 2011년에 처음 파트타임 교육 전도사로 사역할 때 80만 원 받았고요. 다음 해에 10% 정도 올라서 88만 원 받고, 파트타임에서 전임 사역으로 전환되면서 130만 원을 받았습니다. 이후 1년에 5만 원씩 올랐고 목사 안수 받고 나서 150만 원이 되었습니다. 상여금이나 다른 지원금은 없었는데요. 당시에 다른 교회에서 사역하는 친구들하고 비교해 보니까 제가 평균보다는 조금 더 많이 받았던 것 같아요. 보통 교회들에서 교육 목사는 파트타임인데 그 교회에서는 독특하게 교육 목사도 전임으로 썼어요. 그런데 같은 전임이지만 부목사보다 사례비가 훨씬 적고 사택을 제공하지 않았어요. 사례비에 사

택 제공이나 그 밖에 보조금 지원을 생각하면 대우가 두 배 이상 차이 나는 것 같아요. 교육 목사라는 직위가 풀타임이면서도 파트타임 사역자가 하는 일을 같이 하기도 하고, 장년 사역 목사 아니면 다 교육 목사라고 하기도 하는데 교회들마다 체계가 다 달라요. 이 교회에서는 교육 목사들이 전임이었는데 교육 목사들은 보너스도 없고 다른 보조금도 없기 때문에 같은 전임인 장년 사역 담당 목사들과 비교하면 사례비에서 차이가 많이 났어요.

사회자: 그러면 유 목사님도 부목사를 하고 싶지는 않으셨나요?

유 목사: 솔직히 담임 목사님의 뒤치다꺼리를 하고 싶지는 않았습니다. 교육 목사는 교육 부서 관련된 일만 하면 되는데 부목사는 온갖 잡일을 해야 하고 여기저기 불려 다니면서 담임 목사님 뒤치다꺼리를 다 해야 하거든요. 오히려 교회 사역보다 그런 일들이 훨씬 많아요. 예를 들면, 그 교회에서는 지역 목회자들에게 명절 선물을 보낼 때 택배를 이용하지 않고 부교역자들을 시켰어요. 아마 돈도 아끼고 특히 부교역자들이 가서 예의를 갖추어 인사하게 하려는 의도였을 거예요. 아무래도 택배 기사들 대신에 교역자들이 가면 그 교회 담임 목사님께 인사도 드리고 얘기도 좀 나누고 하니까 더 성의를 보이는 것 같다고 생각하는 것 같아요. 그런데 담임 목사만 부목사를 닦달하는 게 아니고, 부목사들은 자기 밑에 있는 전도사들을 똑같이 닦달해요. 심지어는 부목사가 전도사에게 자기 집에 필요한 장을 보게 하기도 하고 운전기사처럼 부려먹기도 해요. 이건 '갑질'도 아니고 '을질'이라고 해야 하나요?

사회자: 강 강도사님은 어떠세요?

부록
부교역자 인터뷰

강 강도사: 지금 교회는 교인 수 120명 정도의 작은 교회인데, 저는 파트타임 전도사 때 80만 원 받았어요. 전임 사역자가 되면서 140만 원 받고 있고 1년에 세 번 상여금으로 10만 원씩 받고 있어요. 사례비는 4년째 그대로에요. 그런데 교육 부서를 맡다 보니까 아이들 만날 때마다 심방비가 많이 들어서 심방비를 책정해 달라고 했더니 작년부터 매달 20만 원을 책정받았어요. 그래도 제 돈이 20만 원은 더 들어가요. 아이들 만나서 아무거나 사 줄 수는 없거든요. 떡볶이 집에 가서 셋이서만 먹어도 2만 원은 나와요. 또 한창 먹는 애들한테 그만 먹으라고 할 수도 없잖아요? 풍족하게 먹이려고 하다 보면 20만 원 가지고는 어림도 없어요. 사실상 밥값은 제가 내고 찻값 정도를 심방비로 충당하는 거예요. 물론 심방비를 받기 전에는 제 돈으로 다 냈으니까 그나마 나아지긴 한 거지요. 그리고 제가 교회 차를 운전하고 다니기 때문에 운전자 보험과 실손 보험을 들어서 보험료가 10만 원씩 나가요. 통신비로 4만 원 지원을 받는데 실제로는 8만 원에서 10만 원 정도 요금을 내고 있어요. 학자금 대출 갚는 데 사십만 원가량 나가고 부모님께 용돈을 조금 드리면 저는 거의 매달 적자예요.

사회자: 적자가 나면 어떻게 해결하세요?

강 강도사: 저는 M.div.를 하고 나서 Th.M.도 했는데 M.div. 학비는 교회에서 절반 정도 지원해 주지만 Th.M. 과정은 지원해 주지 않아요. M.div.는 필수지만 Th.M.은 선택이라고 생각해서 장학금 대상에 포함시키지 않는 것이지요. 대학 때 학자금 융자를 4천만 원 받았거든요. 그거 때문에 매달 적자인데, 사실상 모자라는 부분은 부모님이

도와주셨어요. 돈이 모자라서 속 끓이고 있으면 부모님이 "얼마나 모자라니?" 하시면서 도와주셨어요. 사실 부모님은 제가 사역하는 거를 좋아하지도 않으시는데, 부모님께 정말 죄송하지요. 그리고 동생이 결혼하기 전에는 동생이 제 부족한 재정을 채워 주기도 했어요. 동생의 화장품을 같이 쓰기도 하고 동생이 제 눈치를 보고 제게 돈이 부족해 보인다 싶으면 헌금하듯이 보태 주기도 했거든요. 그런데 동생이 결혼하고 나서는 그런 게 없어서 더 힘들어졌지요. 아주 아쉬워요. 동생이 결혼한 것은 좋은데 돈 문제를 생각하면 더 안 좋아진 거예요.(쓴웃음).

사회자: 그러면 부족한 재정은 어떻게 채우셨어요?

강 강도사: 파트타임으로 사역할 때는 알바를 했어요. 물류회사에서 물품 포장하는 알바를 하루에 6~7시간 했는데요. 비교적 힘들지 않은 일이라서 다른 여성 사역자들도 많이 하는 편이에요. 처음 시작할 때 최저 시급을 받았는데 3개월마다 1천 원씩 올려줬어요. 그때 알바해서 받은 돈이 매달 1백만 원 정도였는데 따져 보니까 전도사 사례비보다 많았지요. 콜센터에서 일하는 여전도사도 많이 있어요.

한번은 한 교회에서 사례비 월 300만 원에 월세 70만 원을 내준다며 사역자를 찾는다는 얘기를 듣고 잠시 고민하기도 했어요. 300만 원이면 지금 사례비의 두 배쯤 되니까 마음이 좀 흔들렸는데요. 지금 교회에서 하는 일을 그만두기 어렵고 특히 아이들과의 관계를 끊을 수가 없어서 그 제안을 포기했어요. "돈 때문에 사역하지는 말자."라는 제 원칙을 지키기로 한 거지요. 그전에도 "200만 원 줄 테니까 우리 교회에 와 달라.", "300만 원 줄 테니까 우리 교회에 와라."라는 제안을 받은 적이 있었거든요. 끝까지 제 원칙을 지키고 싶은데 너무 힘든 상황 때문에 솔직히 많이 흔들리고 있어요. 그 교회에 못 간다고 말하고 전화를 끊었는데 죄책감이 몰려오더라고요. 가정 형편도 어려운데 제 알량한 소신 때문에 장녀인 제가 책임감 없이 가족들을 다 힘들 게 하는 게 아닌가 싶어서요. 어머니께서 사업을 하시는데 요즘 어렵거든요. 제가 돈을 벌어서 어머니를 도와드려야 하는데 그러기는커녕 도움을 받아야 할 형편이니까 너무 죄송해요. 그러다 보니 교회에 대해서 쓴 마음, 원망하는 마음도 생겼어요. 사실 교회 재정이 넉넉한 편이라서 교회가 이런저런 사역을 많이 하고 있고 여기저기 후원금도 많이 보내요. 그런데 우리 교회 교역자들에 대해서는 적당한 사례비를 책정하지 않고 이 정도면 충분하다고 생각하는 거예요. 구제비도 많이 지출하는데 정작 사역자들은 구제해 주지 않아요. 사실 담임 목사님도 청빈한 편이셔서 넉넉하게 받지는 않으세요.

사회자: 박야곱 전도사님은 어떠세요?

박 전도사: 아버지 교회에서 간사로 사역할 때는 월 70만 원을 받았고, 전도사로 사역할 때는 월 80만 원을 받았습니다. 서울의 중형 교회에서는 월 90만 원을 받았고, 인천의 대형 교회에서는 월 40만 원에 등록금 지원을 받았으니까 계산하면 한 달에 93만 원 정도 되는 것 같아요. 지금은 교인 수 200명 정도 되는 교회에서 전임 전도사로 사역하고 있는데요. 사택을 제공받고 사례비 월 150만 원에 사택 유지비로 10만 원을 보조받고 있습니다. 교회에서 전임 전도사를 구

하기가 어려워서 자체 의논 끝에 사택을 제공하기로 정했는데 제가 첫 번째로 혜택을 받았습니다.

사회자: 왜 교회가 전임 전도사를 구하기 어려울까요?

박 전도사: 주변에 있는 신학생들 얘기를 들어보면 전도사 사역이 너무 힘들고 사례비가 적기 때문에 전도사 사역을 하지 않고 공부에 전념하는 경우도 있고, 돈이 필요하면 차라리 편의점 알바를 하는 게 수입도 더 많고 다른 사람들에게 시달리지 않기 때문에 더 좋다고 생각하는 경우도 많아요. 전도사 사역도 일종의 감정 노동이거든요. 대부분 학자금 대출을 받아서 공부하는데 교회 사례비로는 빚을 갚을 수도 없어요. 그래서 교회는 전도사 구하기가 어려워진 거지요.

사회자: 그러면 전도사들 입장에서는 상황이 좀 좋아졌다고 볼 수도 있겠네요.

박 전도사: 그런데 상황이 이렇게 되니까 교단에서는 목사 안수를 받으려면 반드시 전도사 사역을 하도록 법제화를 추진하고 있어요. 사실 전도사 사역이 만만치 않아요. 인천에서 사역할 때는 일도 너무 많고 제 위에 있는 부목사가 하도 닦달해서 거의 매일 가위에 눌렸어요. 다른 사람들의 얘기도 들어 보니까 이 교회에서 전도사 사역하면서 그런 경험을 많이 했다고 하더라고요.

사회자: 경제 형편과 관련해서 가장 어려웠던 일은 무엇이었나요?

김 전도사: 미래를 준비하지 못하는 게 제일 큰 문제지요. 돈을 모아서 결혼도 해야 하고 유학도 가고 싶은데 그런 꿈을 가질 수가 없어요. 너무 바빠서 배우자감을 찾을 시간도 없어요. 또래의 일반인들을 보면 번듯한 직장에 다니면서 넉넉한 급여를 받고 있는데 그런 사람

들과 저를 비교해 보면 자괴감이 들기도 해요. 사실 목사는 퇴근이 따로 없어요. 요즘 '저녁 있는 삶'을 얘기하는데 목사는 저녁이 없어요. 이번 주는 특별 집회 주간인데 일주일 내내 제가 저녁 설교를 해야 돼요. 너무 힘들어요. 전에는 부교역자들이 자기도 담임이 되면 다 보상받을 거라고 생각했는데 지금은 항간에 떠도는 말이 담임 목사가 될 확률이 3퍼센트도 안 된다고들 하기 때문에 이제 그런 꿈도 꾸지 못해요.

그래서 신학생들이 다들 고민하고 있어요. 목사 안수를 받아야 하나, 목회를 계속해야 하나, 고민하는 거지요. 단톡방에 들어가면 다 그런 얘기를 하고 있어요. '하나님은 왜 나를 이 길로 인도하셨을까?'라고 질문하기도 하지요. 아마 전체 신대원생 중에서 절반은 소명감으로 견디고 있지만 나머지 절반은 이런 고민을 심각하게 하고 있을 거예요. 군소 교단은 상황이 훨씬 더 어렵고요. 주변에 목회를 포기하고 택시 운전이나 대리 기사를 하는 사람들도 많아요. 목공업이나 카페를 하는 경우도 있고요. 저도 후배 신학생들에게 사역을 계속할지 다시 생각해 보라고 솔직하게 말하고 있어요.

사회자: 앞으로의 계획은 어떤가요?

김 전도사: 저는 일단 목사 안수는 받을 거지만 부목사로 나갈 생각은 없어요. 사실 저는 지금 하고 있는 사역이 좋아요. 제 소명이나 적성에도 맞는 것 같고 담임 목사님이나 주변에서 일 잘한다고 칭찬도 많이 해 주세요. 하지만 이 일을 계속할 수 있을 거라는 생각은 들지 않아요. 딱히 힘들게 하는 사람이 없는데도 일이 너무 많아서 불면

중에 시달리고 있어요. 직장으로 치면 최악의 직장인 것 같아요. "목사를 갈아 넣어야 교회가 돌아간다."라고들 하잖아요? 나이 50세가 되면 부목사로 있기도 어렵고…. 늦은 나이에 신학교에 가서 목회자로 안수를 받는 분들도 많은데 그런 분들은 마땅한 사역지를 찾기도 어려운 상황이에요. 요즘 웬만한 교회에서 부목사 청빙을 하면 경쟁률이 40대 1 정도 돼요. 물론 지방에 가면 사역할 자리는 있지만 요즘 신학생들은 지방에 있는 교회에는 안 가려고 하니까요. 어쨌든 나이 많은 분들은 더 어렵지요.

사회자: 유 목사님은 어떠셨어요?

유 목사: 저는 처음 사역을 시작했을 때 첫 달 사례비를 아예 못 받았어요. 교회당 건축으로 긴축 재정을 할 때였는데 아무런 설명도 없이 첫 달에는 사례비가 없다고 그냥 통보받았어요. 저는 이런 경우가 교계에서 아주 드문 경우는 아니라고 생각해요. 첫 달 월급을 통째로 떼인 셈인데 어디 하소연할 데도 없고 그냥 수긍할 수밖에 없었어요. 사실 사례비에 대해서 미리 물어보지도 못했어요. 그런 걸 물어보면 저를 '속물'이라고 생각할 것 같더라고요. 그냥 다른 교회에서 사역하는 다른 친구들에게 얼마 받느냐고 물어보면서 저도 대충 그 정도 되겠구나 하고 생각했어요. 두 번째 해에 그나마 사례비가 올라서 88만 원이었는데 당시에 '88만 원 세대'라는 말이 유행해서 '나도 88만 원 세대구나.'라고 실감했어요.

사회자: 제일 힘든 때는 언제였나요?

유 목사: 아내가 잠깐 교사 생활을 하다가 임신을 했기 때문에 바로 휴직해서 경제적으로 많이 어려웠어요. 맞벌이였는데 갑자기 외벌이

가 된 거지요. 첫해는 그나마 휴직 급여가 나왔는데 다음 해부터는 수당도 전혀 없었기 때문에 아주 어려웠어요. 그래서 신용카드로 한 달에 60~70만 원은 쓴 것 같아요. 목사들은 세금을 안 내기 때문에 신용카드 만들기도 어려운데 그때 교회 주보에 목사 이름이 나오고 급여가 들어온 통장이 있으면 만들어 주는 데가 있었어요. 월급이 들어오면 거의 반은 카드비로 나가는 거지요. 그러면서 '평생 이렇게 살아야 하나.' 하고 걱정했어요. 돈을 아끼려고 아기 목욕 시킨 다음에 그 물을 재사용해서 우리 부부가 씻기도 했어요. 정말 어렵더라고요. 그런데 출산하고 하니까 정부에서 주는 양육수당을 받게 돼서 정말 좋았어요. 가뭄 중에 만난 단비 같았어요. 임신이 확인되면 정부에서 '아이사랑카드'를 발급해 주는데 임신 기간 동안 병원비나 출산비를 이 카드로 상당 부분 해결했기 때문에 큰 도움이 되었어요. 교회가 사례비를 적게 줘서 섭섭했는데, 정부에서 돈을 주니까 고맙더라고요. 부교역자 사모들이 직장에 다니는 것을 교회가 허락하지 않아서, 부교역자들은 경제적으로 더 어려운 것 같아요.

사회자: 강 강도사님은 여성이기 때문에 더 어렵지는 않으신가요?

강 강도사: 맞아요. 작은 교회에서 일하다 보니까 관리 직원이 따로 없어서, 교회 인테리어 공사나 보일러 시공까지 온갖 잡일을 할 때도 있어요. 대심방 때에는 하루에 네 가정씩 심방을 하고 40일 동안 특별 집회까지 하니까 매일 12시간씩 일을 한 거예요. 그리고 나니까 진이 빠져서 한 달 동안 하혈이 멈추지를 않아서 산부인과에 다니기도 했어요. 그런데도 교인들은 전도사가 하는 일이 뭐가 있느냐고 말할 때가 있어서 자존감이 많이 떨어져요. 한번은 사무실 의자가

너무 낡아서 재활용센터에서 중고 의자를 2만 5천 원에 사서 쓰고 있었는데 교인 한 분이 보더니 "의자가 좋네요. 사역자 복지가 장난 아니네."라고 하시더라고요. 하는 일도 없이 좋은 의자에 앉아 있다는 투로 말씀하셨어요. 그런 일들 때문에 힘들어서 목사님께 다섯 번이나 사임하겠다고 말씀드렸는데 다 거절당했어요. 사역자가 부족한데 저까지 그만두면 어떻게 하느냐고 하셔서 그만둘 수가 없었어요. 문제는 앞으로가 더 비관적이라는 거예요. 여성 신대원생들을 보면, 여자 목사를 써 주는 교회가 없어서 목사 안수를 안 받는 경우가 많아요. 그래서 저도 고민하고 있어요. 차라리 여자 전도사는 사역할 교회가 있는데 여자가 목사 안수를 받으면 교회에서 더 안 쓰려고 하는 게 현실이에요. 지금 우리 반 전체에서 여학생이 절반 정도 되는데 여자 전임 사역자는 저 혼자일 정도로 사역할 자리가 없어요.

사회자: 경제적으로는 어떠세요?

강 강도사: 아까도 말씀드렸지만 지금 형편이 너무 안 좋아서 전임 사역을 내려놓고 파트타임으로 일하면서 다른 알바를 할까 고민하고 있어요. 그게 더 수입이 많기 때문에 그렇게 해서 빚을 좀 갚은 다음에 다시 전임 사역을 할까 싶어요. 최저 시급으로 계산하면 제가 2백만 원 이상은 받아야 하는데, 지금 사례비는 최저 시급도 안 되는 거지요. 최소한 최저 시급은 줘야 한다고 생각해요. 지금 우리 사회에서는 알바생들한테도 최저 시급을 주잖아요? 제가 지금 받는 140만 원은 퇴직금도 포함된 개념이라 나중에 퇴직금도 없어요. 130만 원 받고 10만 원이 퇴직금이었는데 교회에서 나중에 목돈 나

가는 게 부담스러우니까 사례비에 포함시켜 버렸어요. 4대 보험도 들지 않았기 때문에 실업 급여도 못 받아요. 일은 일대로 너무 고되어요. 퇴근 시간이 오후 6시로 되어 있지만 보통 저녁 8시, 9시는 돼야 퇴근할 수 있어요. 그런데도 아이들을 대상으로 사역하는 게 좋아서 사역을 그만두지 못하고 있어요. 아이들이 너무 사랑스럽고 변화되는 모습을 보면서 저는 보람을 많이 느껴요. 교회도 사랑하고 하나님도 사랑하지만 제 몸이 너무 축나요. 그리고 교회는 단지 나를 소모하고 있다는 생각이 드니까 회의감도 들고 혼란스러워요. 나이 서른넷에 미래를 준비하지 못하고 있다는 현실이 서러워요.

사회자: 박 전도사님은 어떠세요?

박 전도사: 파트타임 전도사 시절에는 교회 사례비로만은 살 수 없어서 과외 알바를 했었어요. 과외 알바를 세 개까지도 했는데요. 그런데 수요일하고 금요일에도 교회에서 일을 해야 하고 부흥회나 특별 집회 때 수시로 불려 나가기 때문에 알바하기도 쉽지 않아요. 지금은 사례비가 조금 더 많아졌고 학자금 대출이나 월세가 안 나가서 조금이지만 저축도 하고 있어요. 하지만 생활이 빠듯해서 미래를 준비할 수가 없어요. 저는 가을에 결혼할 예정이에요. 그런데 지금 형편에 출산하고 양육하는 게 부담이 돼서 자녀를 갖지 않을까 하고 약혼녀와 심각하게 이야기를 나누었어요. 아내 될 사람도 상담사이기 때문에 수입이 별로 많지 않거든요. 그런데 아이가 있다고 가정하고 계산해 보니까 아내는 휴직하고 제가 혼자 벌어야 해서 재정이 완전히 마이너스더라고요. 미래가 암울하고 대책이 없어요. 작년에는 사역을 그만두고 다른 일을 할까 하고 심각하게 고민했어요. 저 혼

자서는 어떻게든 살아 보겠는데 아기는 도저히 낳을 수 없을 것 같아요. 주변에서는 자녀는 그냥 낳으면 된다고 말해요. 사역자들의 가정은 하나님이 책임져 주신다고도 하고요. 저도 그것이 무슨 말인지 알지요. 저도 신앙이 있으니까요. 그런데 정말 계획 없이 아이를 갖기는 어렵더라고요. 주변에 있는 친구들한테 직장에서 월급을 얼마나 받느냐고 물어봤어요. 그랬더니 부목사보다도 훨씬 나아요. 우리는 4대 보험도 들어 주지 않으니까요. 아직도 딱히 해결책은 없지만, 다시 한 번 마음을 다잡고 해 보기로 했어요.

사회자: 어떤 해결책이 필요하다고 생각하시는지 한 말씀씩 부탁드립니다.

김 전도사: 제가 생각하기에는, 해답이 없어요.

강 강도사: 아무리 검소하게 생활해도 월 200만 원에서 250만 원은 필요한데…. 저도 답을 모르겠어요. 교회에서는 교역자들에게 청빈만 강요하는데 우리더러 어떻게 하라고 하는 것인지…. 사실 저만 손해 보고 저만 죽으면 돼요. 교회는 아무 문제 없어요. 잘 돌아갈 거예요. 그런데 제가 얼마나 버틸 수 있을지 모르겠어요. 특히 여성 사역자들은 콜센터라도 다니면서 사역을 병행하려고 하는데, 막상 사역할 자리는 별로 없고…. 제 정체성이 흔들리기도 해요. 사역하기 전에는 사역자들의 삶은 하나님이 책임져 주신다고 생각했는데 지금 보니까 그게 아니더라고요. 교회에 대한 실망감이 크고…. 그래도 '교회 사랑하는 마음을 회복해야지'라고 생각은 하는데 쉽지가 않아요. 더 심각한 문제는, 교회가 사역자들의 이런 상황을 해결해 주려고 하지는 않고 사역자들이 힘들어서 떨어져 나가면 그들이 믿

음이 없어서 그러는 것이라고 쉽게 판단해 버리는 풍토예요. 교회가 어려워서 부교역자에게 충분한 사례비를 줄 수 없다면, 부교역자는 당연히 헌신해야지요. 그런데 그게 아니고 교회는 재정적인 여유가 있는데 교역자는 무조건 청빈해야 한다고 생각하면서 우리에게 고난을 강요하는 것 같아요.

이를 해결하기 위해서는 우선 교인과 담임 목회자들의 인식이 변화되어야 한다고 생각해요. 교역자가 되기 위해서는 적어도 7년을 공부해야 하는데, 그중에서 3년은 전문 과정(신학대학원)을 거쳐야 해요. 그에 따른 학자금 대출 등의 부담을 안고 교회로 들어가는 경우가 많은데, 막상 교회 현실은 더 빡빡해요. 교회가 교역자를 사람으로 봐 주셨으면 좋겠어요. 자기 자식은 목사 시키기 싫다고 하시는 장로님들이나 권사님들이 계세요. 목회가 힘드니까요. 그런데 남의 자식은 힘들게 해도 되는 걸까요? 교인들은 교회가 교역자의 직장이라는 인식을 가져야 하고, 교회는 부교역자들에게 직장인으로서의 대우를 해 주어야 한다고 생각해요.

유 목사: 부교역자들은 언젠가 담임 목사가 되고 나면 재정적인 문제가 다 해결되고 보상받을 거라고 생각하면서 견디기도 하지만 한국 교회 현실은 더 어려워지고 중견 교회의 담임을 맡을 확률은 적기 때문에 해결 가능성이 별로 없는 것 같아요. 저는 부교역자의 현실이 너무 암담해서 교회를 사임했어요. 지금은 기독교 NGO에서 간사를 하고 있는데 교회에서 사역할 때보다 마음도 훨씬 편하고 보수도 교회 사임하기 직전 사례비에 비해 조금 더 나아요. 요즘 교회가 사회보다 더 빨리 노령화되고 있기 때문에 교회 재정 구조가 아주

빠르게 부실해질 가능성이 있어요. 목회도 결국 사람을 대상으로 하는 사역이니 사역자의 성장을 위해 투자한다고 생각하고 사례비를 현실화해야 돼요. 이중직도 현실적인 대안 중의 하나이지만 현재로서는 이중직을 갖기도 쉽지 않기 때문에 훨씬 더 많은 실질적인 대안들이 나와야 할 거예요.

박 전도사: 일단 근로 계약서를 작성해서 보호를 받았으면 좋겠어요. 근무 조건도 알 수 없고 급여도 알 수 없는 데다가 언제 해고될지 모르는 상황에서는 사역을 안정적으로 하기가 힘들어요. 그리고 현실적으로 담임 목사의 사례비를 줄이고 부교역자 사례비를 늘릴 필요가 있어요. 지금 대부분의 교회에서는 부목사가 담임 목사의 1/3을 받고, 전도사는 부목사의 1/3을 받는 구조예요. 전에 있던 서울 교회는 교인이 5백 명이 안 되는데 담임 목사님이 연봉 1억 원을 받으셨어요. 교인이 1천 명이 안 되는 교회에서 담임 목사님이 2억 원 받는 교회도 있어요. 부목사는 사택 제공에 월 200만 원 선이지요. 사람에 대한 투자가 필요하다고 봐요. 그리고 이것은 개인적인 문제가 아니고 구조적인 문제예요. 목회자 개인이 해결할 수 없어요. 지금과 같이 자존감이 떨어지고 온갖 일에 시간을 빼앗겨서 목회자로서 정작 해야 할 일을 못하게 되면 사역의 질이 떨어지게 되고 이렇게 악순환이 계속되면 한국 교회는 자멸하게 될지도 몰라요.

사회자: 말씀 감사합니다.